Un instante de verdad

Un ensayo sobre el sosiego

Primera edición: abril de 2024

Diseño de cubierta: Taller de los Libros
Corrección: Sofía Tros de Ilarduya

Publicado por Ático de los Libros
C/ Roger de Flor n.º 49, escalera B, entresuelo, despacho 10
08013 Barcelona
info@aticodeloslibros.com
www.aticodeloslibros.com

ISBN: 978-84-19703-44-6
THEMA: QDHH
Depósito Legal: B 6442-2024
Preimpresión: Taller de los Libros
Impresión y encuadernación: Liberdúplex
Impreso en España — *Printed in Spain*

Teresa Langle de Paz

Un instante de verdad

Un ensayo sobre el sosiego

ÁTICO DE
LOS LIBROS

Para Araceli Alonso

Índice

*Ni por ser joven demore uno interesarse por la verdad
ni por empezar a envejecer deje de interesarse por la
verdad.
Pues no hay nadie que haya alcanzado
ni a quien se le haya pasado el momento
para la salud del alma.*[1]

Epicuro

*La razón racionalista, esquematizada, y más todavía
en su uso y utilización que en los textos originarios de
la filosofía correspondiente, da un solo medio de conocimiento… Mas el ser humano habría de recuperar otros
medios de visibilidad que su mente y sus sentidos mismos
reclaman por haberlos poseído alguna vez poéticamente,
o litúrgicamente, o metafísicamente.*[2]

María Zambrano

Palabras preliminares

Con estas palabras preliminares quiero felicitar a la autora por la calidad humana y poética que trasluce este libro. Se percibe un espíritu generoso que le permite al lector entrar de lleno en la lectura e inspirarse para vivir más ética y plenamente. No me sorprende, pues conozco de cerca el fuerte compromiso social que tiene la autora y al que dirige muchos esfuerzos, actualmente al frente de una importante organización dedicada a apoyar a las mujeres en África a vivir con más recursos y derechos. Es desde esta misión, que también representa otra veta de mi vida como agente cultural, desde donde primero quiero expresar mi aprecio por la profundidad humana de este libro.

Desde el punto de vista académico, si bien muchas de sus citas no compaginan exactamente con mis lecturas y planteamientos, es un libro apasionado, un ensayo cuya bella prosa navega por una amplia gama de fuentes bien escogidas y muy diversas. Su llamado general a vivir la inmediatez es un punto de partida para mí, que lleva necesariamente a considerar cómo experimenta cada uno ese momento. Mi alternativa sería pensar en la experiencia estética que arranca con la inmediatez sin definir, pero cuyo placer resulta precisamente en el ejercicio cognitivo de entender, en compañía de otros. Ese proceso, vinculado con el juicio desinteresado de Kant, es mi manera de apreciar los avances de la Ilustración que van más allá de celebrar la razón. La autora busca distanciarse un poco más de lo que, en sus planteamientos generales, considera un excesivo encumbramiento del raciocinio como base de nuestras sociedades. Su deseo de encontrar nuevas vías paradigmáticas e instrumentos conceptuales que le permitan explorar algunos resquicios de nuestro mundo, en donde se alberguen atisbos de esperanza para construir y unir, tiene como resultado un ensayo valiente y original con espíritu innovador.

Doris Sommer
Ira and Jewell Williams Professor, Harvard University
Directora de la Iniciativa Agentes Culturales

Introducción

Acabé mi libro anterior donde comienzo ahora: el bien infinito existe porque el infinito existe por absoluta necesidad; una idea metafísica que estaba en la obra del monje renacentista Giordano Bruno, *Sobre el infinito universo y los mundos.*[1] Y como esto es así, todo lo que ejerce resistencia al bien, todo lo que impide la tendencia del bien a hacerse infinito, a extenderse por todos los rincones, tendrá que enfrentarse, infinitamente, a su potencial eliminación; es decir, a infinitos obstáculos y amenazas.

En este ensayo retomo la idea de que la aspiración al bien y al bienestar es infinitamente inevitable. Por tanto, todos los fenómenos que ocurren alrededor de esa aspiración al bien y al bienestar tienden también a ser infinitos en número, y ubicuos. No se trata meramente de un juego de palabras abstractas o conceptos metafísicos, sino de que, como iré explicando a lo largo del libro, esta idea tiene implicaciones para la existencia mundana y la vida pública y social. Mi propósito es abordar una explicación de la instantaneidad del mundo que nos ayude a indagar en la búsqueda de la verdad, quizá la más antigua búsqueda del ser humano; pero de una verdad que esté al alcance de nuestras manos y de nuestra vista, y que nos ayude a construir un mundo más unido y equitativo. El lenguaje, como instrumento de pensamiento con el que articular esa búsqueda, requiere también una exploración de nuevos territorios simbólicos y metafóricos, un acercamiento a lo que llamaré la *palabra exacta*. Es decir, el discurso sobre la búsqueda metafísica será también un discurso sobre la búsqueda de un lenguaje con el que expresar alguna cercanía al saber sobre, acerca de, y en lo inmediato y cotidiano. El fin último es encontrar algunas claves sobre los desajustes y desequilibrios sociales que nos ayuden a darles respuestas y soluciones.

En mis anteriores ensayos, exploraba cómo el feminismo es un espacio de resistencia, el lugar que le corresponde al bien y al bienestar, siempre amenazados. La razón principal es que el feminismo, como fenómeno, es también una respuesta «emocional», de los afectos; un fenómeno muchas veces ineludible e indetectable ante las injusticias que provoca un orden social, sobre todo para quienes no ocupan el centro del poder en las diversas jerarquías sociales. Decía entonces que el feminismo, entendido de ese modo, es un fenómeno infinito e inevitable que se manifiesta por doquier, en tanto que está compuesto por reacciones que comienzan en un nivel afectivo-emocional, antes de llegar a ser identificado por niveles más racionales de la conciencia. Más aún, afirmaba que el feminismo, entendido de esta manera, como fenómeno emocional, ha existido y existirá siempre, mientras ciertas marcas culturales del cuerpo sean obstáculos para el bienestar de millones de personas. Algo similar ocurre en otros dramas de la vida social. No hay que olvidar que la discriminación de género provoca y acentúa muchas otras formas de discriminación y sufrimiento, algunas de una virulencia inusitada e insoportable, y casi inimaginable.

En escritos anteriores también propuse un acercamiento a la singularidad con que muchas personas, marcadas por el «género no-hombre»* en contextos patriarcales, viven la dureza del día a día con cierta resistencia o rebeldía de género que podríamos clasificar como feminista, y que comienza en lo más profundo de las emociones. Mostré cómo ese fenómeno, que está por todas partes, es en realidad el germen «incontrolable» de las revoluciones y transformaciones sociales que proponen los feminismos. No obstante, hay que mirar la realidad de un modo particular para poder apreciar este fenómeno, puesto que al originarse en los afectos y en las emociones, puede fácilmente pasar desapercibido. Se trata de analizar la realidad con conceptos que permitan captar o percibir el movimiento incansable del espíritu humano por ejercer su libertad, porque es a ello, realmente, a lo que responden los impulsos rebeldes feministas que se originan en las emociones y los afectos.

En mi pensamiento he vinculado teoría y acción proponiendo una epistemología que emerja de una profunda revisión ontológica sobre nuestra relación e interacción con el mundo, ya que, en el marco conceptual en el que me muevo, no hay lugar para metodologías ni sistemas que domestiquen y acoten los fenómenos. Las reflexiones sobre el significado de la experiencia humana como revelación del mundo me llevan a concluir que la verdad y su poder transforma-

* Concepto de Iris M. Zavala para resaltar el dominio del hombre no solo en lo social, sino también en el ámbito simbólico, en el interior de las culturas patriarcales.

dor se hallan en el interior del mundo; en lo más nimio, irrelevante y fugaz de nuestra cotidianidad. Mas no podemos acceder a ella desde un posicionamiento exterior, como meros observadores; tenemos que «desposicionarnos» y liberarnos de todo tipo de materialismos y jerarquías entre el «yo» y el mundo.

«Los sistemas cerrados no tienen dentro de sí la aptitud de la transcendencia», afirma Edgar Morin.[2] Por eso, no podemos reducir tampoco nuestra percepción del mundo a una forma limitante de conciencia y de expresión. Este libro es, en primer lugar, una revisión epistemológica sobre los límites aceptados y consensuados del pensamiento y del lenguaje para transformar la realidad; comenzando por la exploración del propio conocimiento del mundo y nuestra forma de prepararnos, armarnos, con una particular relación con el lenguaje para conocerlo. Irónicamente, la exagerada preeminencia de lo analítico, el camino cienticista, preferentemente escogido hoy por las culturas occidentales, no nos lleva a conocer *verdaderamente* el mundo, sino que nos aleja de él. Y es que una exagerada inclinación hacia el raciocinio impone demasiados límites artificiales a la comprensión de la realidad y a las múltiples facetas de la existencia humana.

Hay una «palabra adecuada» y otra «palabra exacta». La *palabra exacta* se acerca, con la metáfora, un poco más a las verdades abisales de la existencia humana, pues nos permite darnos cuenta de la instantaneidad de la conciencia, de la importancia de la instantaneidad, y de que no podemos acercarnos al mundo, ni mucho menos explicarlo, solo con la *palabra adecuada*; esto es, con el lenguaje analítico anclado en una observación racional de los fenómenos de la realidad. No obstante, la búsqueda que emprendo en este libro se basa en una gran paradoja: no me queda más remedio que recurrir a la «palabra adecuada», aunque la sepa limitada y alejada de la *exactitud*, con respecto a la sutileza de la experiencia del mundo que anhelo captar. Para compensar tal paradoja, dejaré que emerja el lenguaje metafórico, el discurso poético, de tanto en cuando. Y es que, como diría André Malraux: «La poesía siempre será un punto culminante, más ilustre que la más alta cumbre de los Alpes, y al mismo tiempo es algo que se encuentra en el césped delante de nosotros, por lo que debemos inclinarnos para poder recogerla.»[3] El resultado del encuentro con la capacidad expresiva de la palabra es una propuesta *ética* que solo se irá comprendiendo a través del proceso mismo de la lectura.

Este ensayo, me aboca y te aboca, lector, lectora, a adentrarnos en la noche del mundo; a emprender un viaje interior en busca de un lenguaje que pueda articular una meta-reflexión sobre su propia capacidad de expresión acerca de la infinitud instantánea del mundo. Espero que el viaje nos ayude a explorar y mirar un poco más de cerca algunos escondrijos de la verdad; la *verdad útil* con la que construir bienestar y paz; eso que a menudo se esconde en lo trivial y que es de naturaleza fugaz.

¿Se puede pensar el aire? La *palabra adecuada* jamás nos permitirá expresar lo que sabemos de la instantaneidad del aire; lo que las reflexiones poéticas o la *palabra exacta* nos enseñan de lo sutil, de lo intangible, de lo fugaz. ¿Existe una «palabra exacta» que pueda hacerse oír ante una mayoría que cree ciegamente en la «palabra adecuada»? ¿Puede la palabra «exacta» contener dosis de utilidad en la expresión de un saber anterior al conocimiento racional? ¿Podría la «palabra exacta» instrumentalizarse para hacer del mundo un lugar más comprensible y habitable? Y si la respuesta a esta última pregunta fuese afirmativa, ¿qué ocurriría con quienes han sido privados del derecho a expresarse o a ser escuchados?

A caballo entre ontología y metafísica, iremos surcando el lenguaje y los conceptos para que nos permitan un viaje de luz frente a la oscuridad de la muerte y de los abismos inabarcables de la vida. Un vuelo por la *experiencia pura*. Con la «palabra exacta» y sus metáforas, exploraremos algunos resquicios recónditos de la existencia humana sin perdernos en ellos. Buscaremos en esa aventura una *ética de la verdad instantánea*, que pueda construirse con instrumentos nuevos; aquellos que permitan, al menos, un leve acercamiento a la sutileza del instante en donde se manifiesta lo verdadero. Esto es, rastrearemos el «fenómeno» en donde el mundo se reinventa incesantemente. Unas veces nos acompañará la «palabra adecuada»; otras, viajaremos sin ella, escapando página a página, hacia otras noches, hacia otros mundos que están dentro y fuera del lenguaje. Y de la página, y de la carne, y del sol.

Máximas

1. La posibilidad de hallar la verdad está en la percepción.
2. Para hallar la verdad hay que dejar que el mundo se nos revele.
3. El mundo se revela en la instantaneidad si dejamos que nos asalte.
4. La singularidad del instante revelado es el hogar del saber.
5. El saber nos eleva por encima de la individualidad.
6. El vuelo del saber nos conduce a un encuentro único y singular.
7. De ese encuentro nace el lenguaje y la metáfora.
8. La palabra originaria es entonces comprendida.
9. Se vislumbra el camino hacia el conocimiento verdadero.
10. Volvemos al mundo con la confianza de haber conocido la verdad.
11. La verdad nos une. Es hora de actuar.

PRIMERA PARTE

Viaje interior

La experiencia pura

¿Hace falta el poema para decirlo? No. El grito es el lenguaje universal. Pero tal vez haga falta para recordarlo en tiempos de sosiego. Tal vez haga falta que los sosegados lo recuerden para que los que sufren se sientan amparados. Amparados por la común condición de lo viviente.[1]

Chantal Maillard

I. Re-creaciones

1

Ética, moral, metafísica. La razón pura, no; si acaso, la *experiencia pura*. La verdad que se halla en un fragmento mínimo de tiempo es insustituible, y es universal; su naturaleza es igualitaria porque, en esencia, todas las personas se pueden identificar con ella. ¿Y (cómo) es esa esencia?

Un candor, una especie de calidez, un levísimo temblor del corazón. Lo más humano, pero también, lo que vincula al ser humano con el mundo natural, la «transcorporealidad» que lo aparta de la idea predominante androcéntrica acerca de su «sobrenaturalidad».[1] Se trata de un impulso vital, una pulsión de la vida en su expresión más mínima y también más relevante, en tanto que incontenible e incontestable. Una palpitación casi inexpresable con palabras.

Como veremos en la segunda parte de este ensayo, el lenguaje metafórico se acerca temerosamente a la pulsión de vida que se halla en los instantes y sabe decir algo de ella. De algún modo, las experiencias particulares del mundo son el lenguaje en su estado originario, con todos sus matices aún por manifestarse:

> Los nombres surgieron al principio no por convención, sino que la propia naturaleza de los nombres, al expe-

rimentar por cada pueblo sentimientos particulares y al captar percepciones particulares, emite de una manera particular el aire conformado por y a medida de cada uno de los sentimientos.[2]

Todo se ha escrito ya. Nada se repite. Esa es la maravilla que no vemos. El germen de una revolución paradigmática anhelada puede hallarse en lo que es más evidente y, al mismo tiempo, más difícil de percibir.

2

Los debates actuales sobre Inteligencia Artificial son sintomáticos del afán contemporáneo por controlar hasta la capacidad de autoconciencia, que es lo que nos hace humanos. Blake Lemoine, un ingeniero de Google, dice haber hablado con una máquina que simulaba un ser humano, y conmoverse con sus reacciones que parecían las de un niño de siete u ocho años. Lemoine cree que se ha logrado desarrollar un programa con conciencia de sí mismo.[1] Mas la verdad es elusiva. La verdad no se halla en la autoconciencia, sino en una capacidad de sentir y de actuar motivada por esa autoconciencia, teniendo como guía ciertas sensaciones o emociones.

La idea de que es posible desarrollar programas informáticos con algoritmos que lleguen a tener alguna forma de autoconsciencia no es descabellada. Sin embargo, no se puede obviar que el principio entrópico es una dimensión fundamental de la existencia humana, rige nuestra existencia como seres sintientes y condiciona también la propia naturaleza moldeable y cambiante del cerebro humano. Y esto quiere decir que, por el principio entrópico, sencillamente, una parte de la existencia humana y de la autoconciencia no son imitables ni predecibles, ni siquiera con las leyes más sofisticadas de probabilidad matemática.

Hay una incompatibilidad fundamental entre el principio entrópico de desorganización que mueve y agita la vida desde dentro, y una forma de pensar que trata de disciplinarlo todo, incluso los sentidos y las sensaciones. Nos empeñamos en reorganizar, estructurar la vida con predicciones algorítmicas y en convertir su esencia abierta en sistemas acotados. La neurociencia computacional proclama que la capacidad predictiva es una de las principales características del cerebro. Aunque esto sea cierto, también lo es el hecho de que tal capacidad está ligada a la supervivencia: los seres humanos y algunas especies animales la han desarrollado por necesidad, para poder sortear los peligros que depara la vida, precisamente, porque está regida por un principio entrópico y por la incertidumbre.

3

Los humanos somos seres sintientes, escritos y reescritos sin saberlo; con una materialidad, una autoconciencia y una noción de transcendencia siempre por predecir. Ninguna fórmula podría captar ni pronosticar todos los instantes que alberga un corazón humano o un cerebro. En el hipotético momento en que se estuviese ejemplificando un instante concebido artificialmente, ya existiría otro; o al menos la posibilidad de que brotase tímidamente un *instante de verdad*, impreciso, fugaz y revelador, alterando toda predicción de las máquinas.

¿Qué hacer entonces ante la naturaleza impredecible e imprecisa de la condición natural de la vida y del ser humano? Edgar Morin y muchos otros pensadores, incluso en el ámbito de las ciencias matemáticas, dan con una clave para comprender este aspecto de la realidad proponiendo conceptos difusos, ambiguos y abiertos: los *fuzzy sets*, como la mejor forma de explicar fenómenos imprecisos.[1] Si no podemos disciplinar la realidad, ni tan siquiera la comprensión de la realidad, ¿no sería más práctico encontrar formas de entender, de explicar, de aceptar y de actuar que tuviesen realmente en cuenta la naturaleza entrópica de la existencia en general, y de las experiencias humanas en particular?

4

La fuerza desordenada, incontrolable, con la que se manifiesta la vida emerge también en cualquier contexto social, incluso en aquellos que están regidos por férreos regímenes y tiranías políticas. Tal es su potencial para la libertad y tal es también su gran limitación para desarrollar revoluciones que redunden en verdaderas transformaciones, articuladas y estructuradas entorno a un contrato social que garantice un estado del bienestar. Muy consciente de ello, Kant propuso la necesidad de renunciar a una libertad «salvaje» para encontrar paz y seguridad en el marco legal de una paz duradera que pudiese ser universal.[1] Mas, para bien o para mal, la experiencia vital, pulsión de vida «salvaje», o *libertad de lo instantáneo* no puede ser sometida a ningún mecanismo de control, ni si siquiera cuando la legalidad es abusiva y entraña sometimiento o violencia. Es libertad incontenible e inevitable.

La «libertad de lo instantáneo» es muy diferente al concepto individualista y liberal de libertad que implica poder de unos y aislamiento de otros. No puede generar abusos —como ocurre con la libertad individualista y liberal— porque también surge de ellos. De hecho, los mismos mecanismos represivos pueden engendrar con mayor intensidad la potencia de libertad que da lugar a múltiples manifestaciones instantáneas. Se trata de una libertad espontánea y fugaz —y por eso libre— que emerge como instinto de vida desde lo más profundo de la experiencia humana en el mundo, sea cual sea dicha experiencia. «El hombre es el ser condenado a traducir la necesidad en libertad», decía José Ortega y Gasset.[2] Hablamos de una libertad inevitable y «salvaje» que brota en cualquier contexto social, justo o injusto, armonioso o violento, democrático o represivo. Por tanto, la «libertad de lo instantáneo» sí es compatible con marcos legales que pretendan garantizar la paz y el bienestar de todas las personas, el «bien común», pero no podrá someterse a pautas y preceptos *a priori*, por su naturaleza elusiva como fenómeno interrelacional.

5

Los «instantes de verdad» albergan la ansiada libertad de espíritu, que a su vez es el camino más seguro para la emancipación de una realidad opresiva o limitante. En su libro, *Reparemos el mundo*, Corine Pelluchon reclama una reconfiguración conceptual fenomenológica de la ética y de la política basada en la vulnerabilidad y en la responsabilidad. Tanto la noción de responsabilidad como la de vulnerabilidad tienen su origen en un encuentro físico, libre, con la fragilidad o el sufrimiento de otros seres que nos hace comprender nuestra propia fragilidad. De tal encuentro con otros seres surge una conciencia de mi «no-poder», de mi «límite» que es liberadora porque me hace humilde, y porque me conecta con una dimensión «compartida» de la vida.[1] Aunque pudiera quitarle la vida al otro ser, no podría arrebatarle nunca su alteridad ni su transcendencia.

Alineada en su pensamiento con Levinas, Pelluchon propone que es posible construir una ética con valor político, un cambio de valores, una reconfiguración menos destructiva de nuestra forma de relacionarnos con lo que nos rodea y con otros seres. Y, además, resulta que la humildad es epistemológicamente rica. Del encuentro que nos hace humildes emana un significado acerca del mundo, y acerca de nosotros mismos, que nos *re*-crea como seres capaces de inventar, de *re*-escribir, de crear un/el mundo.

6

La tarea filosófica es también una tarea política que rescata el concepto de «libertad» del pensamiento liberal, que lo tiene sometido al individuo y que genera desequilibrios sociales. La «libertad de lo instantáneo» es incompatible con todo aquello que trata de limitarla. Su intensidad, como manifestación del instinto de vida del ser humano, como capacidad innata de su humanidad, es directamente proporcional a la magnitud de los elementos represivos y discriminatorios; y también a la intensidad de hechos revolucionarios, acaben o no en cambios de régimen político.

En un interesante estudio sobre los diversos movimientos revolucionarios que prendieron por el mundo árabe durante la llamada Primavera Árabe, Asef Bayat argumenta que no puede ser analizado solo como fracaso el hecho de que tales acontecimientos terminasen dando lugar a regímenes políticos represivos e incluso mucho más conservadores y retrógrados que antes.[1] Hay que profundizar más allá de lo factual para captar el efecto profundamente transformador y liberador de «no-retorno» que los propios hechos revolucionarios imprimieron en las subjetividades y en el día a día de la gente. En concreto, en el caso de las luchas feministas, ligadas al espíritu liberador que prendió con fuerza en las conciencias, en muchos lugares no se disipó con la represión y los retrocesos sociopolíticos posteriores a la Primavera Árabe, sino que se canalizó, en gran parte, a través de feminismos muy apegados al trabajo de campo y a acciones locales por los derechos concretos. Y más allá de lo colectivo, la fuerza de la libertad, que paladearon brevemente muchas mujeres de los países árabes durante los alzamientos populares, también se manifestó y sigue manifestándose en sutiles comportamientos cotidianos y rebeldías personales.[2] Este enfoque de Bayat es algo muy parecido a lo que yo he llamado en otro libro las «rebeliones sigilosas»: fenómenos intrínsecos a los patriarcados que se dan por doquier y que no pueden ser controlados; cuanto mayor es la represión, más espontáneamente surgen de forma inevitable y ubicua, ya que son reacciones no-conscientes en su origen, y directamente proporcionales y ligadas a la intensidad de la represión.[3]

Por eso, la filosofía debe devolver la libertad —imposible de someter— al mundo de donde ha salido, *sigilosamente*, en sus versiones más esquivas. Y la filosofía debe proporcionar análisis que sirvan para construir (des)ordenes armoniosos de la libertad humana y de la paz social.

7

Necesitamos el *pragmatismo del instante*; instantáneas que contengan alguna chispa de verdades irrefutables en donde poder encontrarnos con otros seres humanos, mucho antes de que entre en juego el pensamiento y sus estructuras. Fracciones de tiempo que contengan una revelación impredecible, imposible de programar. Y es que, desarrollar una capacidad de aprovechar lo que esconden ciertos instantes en el vasto océano de nuestras interacciones cotidianas es tan importante para la vida social como desarrollar una hipotética y deseada «Constitución de la Tierra» que, sin duda, podría ayudarnos a abordar de forma global las gravísimas emergencias de nuestro tiempo.[1]

Dice Noam Chomsky que hay que ver el mundo con pragmatismo; transformarlo, pero aceptando como es, sin pretender volverlo del revés, pues esto puede fácilmente empeorar aún más sus tiranías.[2] Por ejemplo, para muchas personas es muy difícil llegar a pensar que el mundo, por opresivo que sea, no es simplemente la vida, tal y como es. Son necesarias una serie de condiciones adecuadas, difíciles de construir, para que las personas puedan rechazar el sentimiento de que hay una vida que les ha tocado vivir, sin plantearse tan siquiera la posibilidad de que esta podría cambiar. Rechazar la vida, tal y como les ha sido dada, o concebir cómo cambiarla es demasiado difícil para muchas personas que tienen que preocuparse por sobrevivir en el día a día, reinventándose y reinventando la cotidianidad en condiciones muy adversas. Y todo esto condena a millones de personas a ser resilientes y anula sus esperanzas de cambio.

8

Acabamos acostumbrándonos a todo. Es fácil ser esclavos o esclavas de una mentira que nos ha acompañado desde la cuna; por ejemplo, no reconocer la diferencia entre verdad y mentira. Como si de un instinto de supervivencia se tratase, el cerebro relativiza lo que ve, una vez que ha pasado el momento de trauma o miedo. Mas la costumbre, reconfortante a veces, puede ser un arma de doble filo; un arma cruel que nos ciega con su candor o nos hace insensibles a nuestro propio dolor. Refugio que no permite sentir la premura de otros dramas, y ni siquiera del nuestro.

Se hace difícil reconocer qué esconde el devenir de la inercia cotidiana, la nuestra o la de los demás. Mas de la urgencia del día brotan chispazos fugaces de libertad y rebeldía, a la espera de que alguien los reconozca o se aferre a ellos. Simplemente, destellos de esperanza que impulsan muy levemente la cotidianidad fuera de algunos límites establecidos e impuestos.

9

¿Cómo indagar un poco más en las comisuras abiertas de la vida, territorio de rebeliones invisibles y sigilosas? ¿Qué hacer si un estado del bienestar, justo y equilibrado, construido como contrato social colaborativo —según las pautas que proponen economistas como Minouche Shafik— es una realidad inmensamente lejana y ajena?[1] ¿Debemos resignarnos a que la vida con todas sus tiranías siga su curso, anulando la esperanza de sus ciudadanas y ciudadanos por tener una vida más digna y feliz?

Instrumentalicemos la inmediatez. Busquemos el *pragmatismo del instante* incluso donde el bienestar parece una realidad imposible de alcanzar. La expresión más pequeña o nimia de las experiencias humanas tienen la capacidad de albergar un verdadero potencial para que la gente pueda vivir una vida digna en medio del caos, la miseria o la violencia; e incluso, para propiciar revoluciones de gran calado. La inmediatez contiene el germen de lo compartido, de la similitud, de la unión. Sabemos que nos lleva —siempre nos lleva— a la cercanía. Proximidad a las entrañas de otros seres como nosotros, a nuestro propio ser, al de otros seres que cohabitan con nosotros en este mundo.

Prestamos demasiada importancia a la diferenciación que la mirada atenta nos proporciona y nos olvidamos de que existe también un camino de vuelta hacia la identificación de unos seres con otros. La inmediatez nos hace humanos porque permite encontrar esa identificación; aquello en nuestro interior que nos conecta con los demás: «Dentro de nuestras almas y corazones, guardamos una parte del mundo. Y me parece que, en esa intimidad, nuestro ser más profundo, es donde reside nuestra capacidad de estar conectados con los demás.»[2] Y ocurre que, al conectar con los demás, encontramos en ellos algo de lo que somos, de lo que queremos ser y de lo que debemos rechazar.

La cotidianidad es una angostura que se llena con el paso de los días. Se deshace perezosa del sentido que le concede la aceleración de la modernidad. Con la velocidad, la vida parece escribir algo, dirigirse a algún lugar. Mas cuando el camino se detiene, todo está pleno de significado y cada minuto se desborda a sí mismo. Es la vida en estado puro lo que se nos ha olvidado. ¿Será que se parece a la muerte, con su acostumbrada rotundidad?

Hagámonos muy pequeños para surcar lo inmediato y lo invisible. Lo que habitamos está demasiado lleno y es estrecho. Tanta muerte empequeñece nuestro habitáculo y aleja horizontes antes imaginados. A medida que el vacío se ensancha, un abismo aterrador se expande y convierte el hogar del ser en un lugar cada vez más estrecho.

Y sentimos vértigo ante la perspectiva de salir al mundo y no encontrarnos.

¿Cómo hallar utilidad en lo invisible, en lo mínimo, aquello que la cotidianidad de algún modo cohesiona? Este dilema no tiene solución si por utilidad entendemos aquello que nos ayuda a controlar el tiempo y el mundo, aquello que nos salva de lo imprevisible. Y sin embargo, ¿quién no ha experimentado alguna vez la magia de lo incontrolable, de lo que emerge de pronto y nos alumbra el alma inesperadamente?

Incapaces de sucumbir con alegría a lo que nos sorprende, seguimos anhelando algo más. ¡Qué torpeza de vivir la nuestra! Quisiéramos estructurar el aire, atravesarlo con carreteras que nos permitan transitarlo con la sensación de que es suelo. En lugar de aprender a navegar, queremos construir puentes y carreteras sobre el océano.

12

Percibir o *noein* era para los filósofos presocráticos una parte inextricable del acto de pensar, e incluía tanto percepciones directas e intuitivas a través de nuestros sentidos, como lo que hoy entendemos por consciencia: estar despiertos, alertas, ser seres pensantes. Sin embargo, a medida que hemos evolucionado hacia sociedades más desarrolladas y modernas, hemos separado radicalmente las diversas habilidades del pensamiento. La capacidad de intuición, creatividad e inteligencia emocional han quedado relegadas a un segundo plano, aunque estas cualidades son cada vez más necesarias a medida que avanzamos en la robotización de nuestras sociedades.[1]

Debemos afanarnos mucho más en fomentar la capacidad de conectar con lo que en este ensayo llamo «instantes de verdad», por fugaces que sean. Sí, podría tratarse de una importante capacidad humana a añadir en la lista de las capacidades descritas por Amartia Sen y Martha Nussbaum para elaborar sus propuestas de contrato social muy críticas con el utilitarismo.[2] Nadie discute hoy que al tiempo que construimos las condiciones de vida y servicios adecuados para que las personas tengan una vida digna, es necesario también apoyar condiciones psicológicas individuales y colectivas que favorezcan capacidades como la autoestima, la solidaridad, la empatía y la armonía comunitaria. Y estas capacidades son el germen para que las personas puedan reconocer en los demás y en ellas mismas un «instante fugaz» en donde, de algún modo, se resuelve aquello que impide el bienestar.

Hay instantes —aunque pueden ser muy pasajeros— en que las personas «saben» de inmediato, sin conocer aún el porqué, que la vida no tiene por qué ser como es, y se resisten a aceptarla.

II. Entelequias

1

El odio siempre es difuso, con exactitud no se odia bien, dice Carolin Emcke.[1] Para combatir el odio y otras formas de opresión y de violencia es preciso responder con las mismas armas. Y eso quiere decir: saber instrumentalizar lo difuso; ser capaz de reconocer primero que lo que nos une es también prolijo, precisamente, gracias a su naturaleza dispersa, elusiva, entrópica.

La singularidad es difícil de acotar, ya que primero hay que saber percibirla y apreciarla. Como nos recuerda la física de los cuantos, desde lejos, desde fuera, es imposible apreciar la complejidad del mundo. Lo que ocurre en cualquier lugar contiene vertiginosos pozos de realidad, innumerables estratos en donde se producen innumerables interacciones. A lo único que podemos aspirar es a entender que somos parte de esa complejidad, y tratar de descifrar interacciones reveladoras y portadoras de un significado que nos impulse a actuar.

La singularidad es el lugar en donde el «yo» se encuentra frente a frente con su diferencia solo por un brevísimo espasmo de tiempo. Tras un espejismo, en ese mismo instante, el «yo» reconoce que es parte de un todo en donde es indiferenciable. En el instante mismo en que el «yo» se reconoce, ya el mundo, otro ser, ha ocupado su lugar, porque el «yo» es tan mundo como el mundo. Nuestra obsesión con nuestra identidad no nos deja vernos ni ver: «En nuestra conciencia normal del momento presente, la sensación que tenemos de nuestra identidad individual es inquebrantable. Este es el error humano primordial, en virtud del cual pasamos nuestras vidas como en un sueño.»[2] En la singularidad están las semillas que, aun siendo muy pequeñas y estando diseminadas por el aire del mundo, nos traen la cercanía de lo leve y nos llevan a sentir proximidad con lo lejano.

2

Para explorar lugares recónditos aún por descubrir necesitamos microscopios. Atrás quedan submarinos, dirigibles, trasatlánticos, aviones, cohetes, naves y sondas espaciales. El viaje del presente es otro: hagámonos muy pequeños para surcar lo invisible. ¿Lo haremos?

La importancia de lo que somos se aleja. Lo que hacemos se detiene, en un aire más repartido y escaso que nunca. Tendremos que aprender a sentir la lejanía de las nubes como si fuera nuestra propia lejanía, desde un pequeño habitáculo, cada vez más diminuto, más microscópico. Lo interior se ha impuesto para obligarnos a añorar el mundo que nos rodea. Apenas atrapamos lo que vemos, aunque podamos sentirlo e incluso pensarlo. Nos parecemos mucho más unos a otros, y mucho más a todo.

Hay algo muy profundo e inquietante que atender desde la hondonada de una realidad que se hace tan parecida a la de otros habitantes de este mundo. Tendremos que aprender a no estar del todo, a surcar lo insondable, lo que no podemos tocar; la vida que se derrama instante a instante. El mundo no es nuestro —¡a ver si nos enteramos!—, el mundo somos, el mundo lo compartimos.

3

Cuando lloramos la muerte de un ser querido lloramos por los momentos de goce que ya no podrá experimentar; lloramos porque ya no podrá sentir cómo en la comisura de su propia boca se esboza una pequeña alegría. Nos lamentamos de no habernos encontrado con ese ser querido en muchos otros instantes que nos habrían hecho saborear y compartir la plenitud de lo mínimo. Y si somos conscientes de ello, lloramos; lloramos más.

No es la muerte del cuerpo lo que nos hace lamentarnos, sino la disolución de una vida hecha de infinitos retazos, fracciones de una totalidad que se nos escapa porque no nos hemos percatado de qué estaba compuesta. Lloramos porque perdemos la sensación de la continuidad histórica que nos une al ser querido, y porque, ineludiblemente, se nos escapa la tangibilidad de aquellos momentos en que habíamos llegado a sentir felicidad. ¿Cómo acercarnos entonces al *continuum* desordenado de una vida amada sin que el tiempo y sus instantes se nos escurran de las manos? La linealidad no es nuestra.

4

Hay viajes que invaden de muerte a otros seres. Parásitos de la vida humana. El cuerpo nuestro es ventana, herida siempre abierta, que solo deja de sangrar cuando se abandona a las flores o al ritmo imprevisto de unos ojos compasivos. Las miniaturas no nos recuerdan nuestro poder, sino nuestra fragilidad: cuanto más diminutas son, más insignificantes y vulnerables nos hacemos los seres humanos. Lo minúsculo se nos hace inaccesible cuanto más pequeño es.

Rebosante complejidad. Bosques de células, constelaciones de átomos, quarks y gluones. Microbios, motas de sal, insectos microscópicos, haces de luz, mecanismos de vida; la supervivencia en estado puro. El acecho poderoso de lo insondable e intangible. Se propagan, se reproducen, viajan para continuar existiendo, para allegarse a espacios inexplorados y habitarlos. Lo minúsculo puede ser monstruoso y maravilloso, invasivo o acogedor.

5

Hay que prestar más atención a lo diminuto y a lo sutil; a todo lo que también es mundo, aunque no se vea. Nuestra superficie, la piel, está habitada por muchedumbres, feas criaturas que cohabitan con nosotros y que no vemos. Tenemos peces varados que, en tácito acuerdo con ese mundo terrestre que aún no conocemos bien, sobreviven limpiándonos el pensamiento. Inagotable en extrañezas, lo humano, igual de pleno que la naturaleza, pugna por rozar nuestras pupilas y hacer que nos reconozcamos un poco en las de otras personas.

El cuerpo es lo que se manifiesta por nosotros, lo que se percata por nosotros. Mas la conciencia y la mente son más perezosas que la piel. La piel sabe antes de que la conciencia conozca; gracias a ella encontramos a veces una pequeñísima porción de verdad repentina e inesperada. Resulta que, de pronto, podríamos hallarnos ante una *experiencia pura*, singular, fugaz, inimitable y reveladora.

La esencia de nuestra experiencia del mundo es la percepción de esa experiencia, según la fenomenología; encontrarse con la realidad, no contemplarla. Mas aún, no somos capaces de instrumentalizar la «experiencia pura»; de hacerla compatible con un marco ético que organice lo social respetando la incertidumbre —característica inextricable de la experiencia— para promover unidad frente a división, paz frente a conflicto, armonía y bienestar frente a tiranía y crueldad.

6

De la urgencia a la inmediatez impostergable no hay más que un instante. Lo que hace unas semanas era urgente, de pronto se vuelve impostergable ante la amenaza de una nueva urgencia. Pasamos demasiado tiempo huyendo de realidades que no pueden esperar: la del planeta y la extinción de las especies, la de otros seres humanos expuestos al hambre, la violencia, la falta de perspectivas de futuro, las guerras, la miseria, el éxodo, la explotación, la desigualdad, las injusticias. La vivencia de una gravedad que nos acecha o de la inminencia con la que tenemos que afanarnos por resolver la vida nuestra o la de otros seres como nosotros, nos puede cegar por completo. O peor aún: puede ensombrecer de manera definitiva nuestra capacidad de percibir los recovecos, las instancias cotidianas por donde brota, liberador e incontenible, todo aquello que proviene, rebelde y sigilosamente, de la «urgencia de vivir» y la reescribe.[1]

Tantas formas sigilosas y espontáneas de resistencia y rebeldía que están en la vida social, en donde se resuelve el mundo, pasarán desapercibidas. El impulso creativo del ser humano, anclado en una pulsión de vida que emerge por encima de cualquier obstáculo, se derrocha trágicamente. Y dejamos que

la noche de todas las noches pose su velo sin luna
ni estrellas sobre nuestras comunidades y nuestras
conciencias.

Hallar claves que proporcionen alivio a la necesidad impostergable de alimento y de felicidad de bocas hambrientas es lo verdaderamente apremiante de nuestro tiempo. Y ese es el propósito último de este ensayo: profundizar en los conceptos y el lenguaje que puedan propiciar un discontinuo, pero constante, descubrir del mundo en donde esté integrado aquello que ocurre en las dimensiones más huidizas u ocultas de lo cotidiano. Esto podría ser *verdaderamente* liberador para las bocas.

Nada debe importarnos más que poder espantar pequeñas muertes del día a día que a menudo llegan de puntillas a llamar a puertas y ventanas. Como si de una mosca anodina se tratase, deberíamos poder hacer el mismo gesto con la mano para espantarlas. Podría ser así de sencillo. Mas debemos antes adquirir conciencia de la gravedad de nuestro gesto: reconocer que estamos a punto de ser aplastados por un ala monstruosa; y que somos náufragos en altamar solo con una tabla de aire a la que aferrarnos.

8

Hay quien habla de la necesidad de una «ética de la vergüenza» que acepte las limitaciones que tiene el ser humano para abarcar el mundo, para apropiarse o disponer de él.[1] Yo prefiero referirme al «límite» en positivo. Aceptar el «límite» como punto de partida, nunca como culminación restrictiva. Hace falta una *ética de la verdad instantánea*, que parta de una conciencia de nuestra ignorancia e impotencia, anclada en la «experiencia pura».

«Límite» es impulso o vibración que nos incita al deseo, a la búsqueda de la verdad y la justicia, y a la creatividad. El «límite» nos pone en contacto con el descubrimiento de los abismos insondables de la vida y nos acerca a su esencia, que está compuesta de inabarcables e innumerables mínimos.

No debemos resignarnos a una vida pobre, sin prestar atención a lo mínimo. Integrar la «experiencia pura» en nuestra percepción de lo cotidiano nos permitirá, en parte, liberarnos del sufrimiento, cuya casa es el tiempo. Porque ¿qué es la vida? ¿Un frenesí? ¿Una amalgama de estancias nuestras en el espacio infinito de la existencia, para nosotras y nosotros, trágicamente limitada en el tiempo?

9

En la tradición filosófica kantiana, la «ética mínima» es un acuerdo tácito de ciertos elementos que definen un marco de convivencia alcanzable; un acuerdo de mínimos. En España, una de sus representantes es Adela Cortina.[1] Sin embargo, dicho acuerdo mínimo de ciertos referentes éticos para la convivencia no sería más que un marco externo y, en el mejor de los casos, solo podría propiciar cierto grado de buena convivencia, justicia o bienestar para una mayoría. El ámbito de lo mínimo que tenemos que instrumentalizar es otro, y requiere un cambio paradigmático desde el corazón mismo de las sociedades. Me refiero a un cambio paradigmático en lo más profundo de nuestra forma de percibir lo que nos rodea y lo que nos ocurre, y lo que les ocurre a otras personas y a otros seres.

Comencemos por entender qué significa realmente que la vida social rebose «instantes de verdad». Según Husserl, padre de la fenomenología, la tarea principal que tenemos por delante consistiría en enseñar a aprender de nuevo el mundo. Se trata de aprender a percibir, incluso en los niveles menos racionales de nuestra conciencia —los afectos y las reacciones emocionales— que lo instantáneo contiene todo el potencial creativo del mundo. Y se trata también, de ser capaces de identificar las experiencias únicas, irrepetibles y fugaces que son transformadoras.

10

La fenomenología, como tarea filosófica, tiene un objetivo: revelar el misterio del mundo y el misterio de la razón, dice Merleau-Ponty en su *Filosofía de la percepción*.[1] En la *filosofía del instante* que yo propongo esa revelación se da en todo momento y en todas partes; en lo que denomino «experiencia pura», aunque nos cueste tanto aceptar y comprender que las vivencias nos transforman y nos afectan, y aunque no seamos plenamente conscientes de ello.

En su dimensión política y social, la «filosofía del instante» quiere decir aprender a ver destellos, chispazos de libertad, como si fueran mensajeros de un orden social deseado y realizable; cigüeñas de un ámbito de lo compartido que es universal y que siempre está en contradicción —en mayor o menor medida— con el «límite» que impone la cultura, cualquiera que esta sea.

11

Una mejor convivencia entre los seres humanos depende de que seamos capaces de percibir e instrumentalizar la realización de lo instantáneo como elemento transformador e intrínseco de la vida social. El éxito o fracaso de los marcos legales que inventemos para lograr un estado del bienestar común será equidistante de cuánto nos afanemos en dejarnos sorprender por las verdades que se nos escapan, permanentemente, a la percepción racional. Es algo inmensamente sencillo y a la vez muy difícil de lograr, sobre todo porque tenemos una acusada tendencia a pensar que la inteligencia humana es capaz de explicar lo inexplicable y de controlar lo incontrolable. Y es que, cuando se acepta el devenir entrópico, se trata sobre todo de aprender a «saber», no se trata de conocer, ni de explicar. Y esto pasa por aceptar que el conocimiento no existe solo allí donde hay mentes; que el saber no precisa mentes o, ni siquiera sistemas nerviosos, como nos enseñan muchas especies y seres vivientes.[1]

Puede resultar muy difícil de gestionar el desconcierto que nos provoca observar la vida a nuestro alrededor, la vida de otras personas o de otras criaturas, y no entender muchas cosas racionalmente. Mas el desconcierto podría ser una señal de que un «instante de verdad» nos ha encontrado. Entonces, la tarea consistirá en afanarnos en percibir la sutileza de lo efímero. Observar con todo el cuerpo lo que de «solución» momentánea hay en ese instante para aquello que ha provocado nuestra ofuscación. Se trata, en suma, de rechazar de plano la parálisis del desconcierto abriéndonos plenamente a saber.

12

La gran lección de la física contemporánea es haber hecho evidente que la infinitud del cosmos no es tal, sino que tiene un límite y que, si nos parece ilimitada, es porque no alcanzamos a conocer sus contornos. En cierto modo, desde una habitación cerrada se divisan mejor las estrellas.

Podemos aplastar un escarabajo con un simple movimiento del pie y destrozar una flor con dos dedos de la mano sin hacer esfuerzo. Y, sin embargo, la hierba se doblega bajo nuestra pisada, exactamente igual que cede al vuelo torpe de una mariposa. De repente, algo nos dice su verdor centelleante, y también a la mariposa. Entonces miramos para recibir su brillo, irremplazable, que nos acaricia. Sobrevolamos su candor levemente con la mirada y el vello de los brazos.

La realidad es mucho más sutil que un conjunto de partículas distribuidas en el espacio-tiempo. Alejémonos del materialismo simplista.[1] Dejémonos estremecer por la mariposa, el candor de su roce con el brillo de la mañana. La hierba que se doblega es también reverencia. Algo quizá nos está revelando que permanecerá en nuestro recuerdo.

Y llegaron los días de la memoria. La ciencia de la Inteligencia Artificial no ha sido capaz aún de crear máquinas con memoria narrativa sobre sí mismas. Los recuerdos consiguieron cohabitar en paz con nosotros. Porque nos acordamos de que no nos queríamos marchar; de que, si olvidábamos, caeríamos al vacío en soledad.

Surcar para siempre el inmenso río sin agua ni peces, sin principio ni fin. El dilema actual consiste en plantar una higuera o recordar la higuera que ya fue plantada. Otra entelequia.

13

La rutina convierte cualquier situación, por excepcional que sea, en algo natural. Por eso, no es extraño que la naturaleza de las cosas o del comportamiento humano se modifique con el uso y las costumbres. Es asombrosa nuestra capacidad de acostumbrarnos a todo y de integrar ciertas cosas en una normalidad anodina, como si nada hubiese pasado; como si el nuevo día fuese siempre igual al anterior, aunque un poco renovado.

Os invito a quedar absortos y absortas ante una cáscara de plátano que yace semanas tirada en la misma acera. Cada vez que hagáis ese recorrido, cada mañana, tendrá un color diferente y un nuevo agujero porque sirve de alimento a insectos y gusanos. Los restos orgánicos, con sus orificios, son quizá la señal que buscáis: algo que llene de nuevo el vacío de una calle sin paseos. Algo que os recuerde que podríamos parecernos unos a otros en el desmayo del día o de la noche. En nuestro estar aquí, hora tras hora, como si nada ocurriese.

III. Extrañeza

1

Con la imparable tendencia actual a la robotización, el metaverso, la digitalización, los extremismos ideológicos y nacionalismos, estamos en riesgo extremo de apartarnos más y más, hasta que ya no seamos capaces de reconocer nada de nosotros en los demás. Pero por suerte, la dimensión fugaz y sutil de la vida nos lleva a compartir y a acordar. Arribamos —si queremos— a un encuentro irrefutable. Y es que la instantaneidad pone en cuestión los fundamentos de lo inmutable y debilita su tiranía conceptual. Todo aquello que parece inamovible, incluyendo ciertos órdenes sociales que se sustentan en imposiciones monolíticas, de algún modo, se descompone, se resquebraja, ante la fugaz verdad de lo sutil.

El valor político de lo fugaz reside en que, a menudo, podemos realmente encontrarnos, entendernos, comunicarnos solo por un instante. La «filosofía del instante» indaga en ese indicio de unidad, aunque sea perecedera y efímera. La unidad frente a la diferencia, como concepto que nos acerca a una universalidad respetuosa con la singularidad. Un instante de «verdadera» conexión puede ser más importante y transformador que muchas estructuras y normas sociales.

¡Corred! ¡Alejaos de las islas que el abismo del agua flanquea! Escuchad los cantos de las ballenas. Dejad que el sonido de las profundidades del mundo os encuentre estéis donde estéis. Que allí estaré yo, y tú también, y vosotros, vosotras, si así lo deseáis, sorbiendo una limonada, a caballo de un delfín, barriendo el fondo del mar, recolectando las algas para ti, que tienes hambre. Dejad que la bocanada de suspiros bajo el agua de esos gigantes marinos os recuerde que a nadar no se aprende. Flotad sin miedo, o si no, chapotead. Que una sola gota de espuma de vuestros pies contiene toda la libertad. Aquella que yo no nombro y que tú conoces.

2

Explorar la percepción del instante con la intuición para adentrarse en la riqueza semántica de la incertidumbre. Esta es una vía para saber. Podemos elegirla y dirigir luego nuestros esfuerzos al conocimiento para instrumentalizar lo que hemos aprendido. En la segunda parte de este ensayo veremos que la metáfora, el lenguaje metafórico nos ayudaría en ese proceso porque nos acerca a transitar lo insondable. Y es que, cuando la «palabra adecuada» se topa con los límites de la reflexión y de la reflexividad, con las fronteras del «yo» en el mundo, entonces emerge poderosa la «palabra exacta».

En los capítulos siguientes explicaré cómo la «palabra adecuada» borra el mundo y la «palabra exacta» nos ayuda a buscarlo de nuevo. Solo eso, ir en su busca. Porque, como diría María Zambrano, hay una «palabra interior, rara vez pronunciada, la que no nace con el destino de ser dicha».[1] Y que no puede, por tanto, ser buscada ni encontrada con los mismos instrumentos con los que acostumbramos a explicar la vida.

«¿Qué y cuánto pueden conocer el entendimiento y la razón, independientemente de toda experiencia?».[2] Esta es la pregunta fundamental del pensamiento de Kant. En ella el filósofo enmarca los límites de la experiencia y se aleja de las divagaciones conceptuales de la metafísica de su tiempo. Mas la experiencia y la intuición son liberadoras, al contrario de lo que creía el maestro de la razón pura. Porque a través de la intuición podemos conocer los resquicios de otras almas; acercarnos a comprender sus lenguajes extraños, incomprensibles con la razón; tener una «visión directa del objeto», como proponía Husserl. Esto es, con la intuición podemos llegar a la transcendencia de las cosas en sí mismas y ser capaces de captar su sentido intrínseco, que en absoluto depende de nuestros sentimientos ni de nuestro pensamiento.[3]

3

La diferencia entre el intelecto y la intuición es que
esta sirve para la percepción inmediata de lo concreto
y aquel para aprehender lo abstracto y lo ideal. Pero
lo concreto es infinitamente sutil y móvil, nos advier-
te Levinas.[1] Así que, habrá que dirigir una mirada al
mundo que nos permita percibir la naturaleza escurri-
diza de lo concreto, y algunas de sus múltiples manifestaciones.

Y la luna también quiere ser roja. Persigue al sol,
compite por arribar primero al horizonte curvo. El
cielo del mar también es suyo. Los habitantes viven
de prestado, de espaldas al océano, cohabitan con ese
gigante azul de mil brillos, inevitable, que les podría
engullir. Y no lo miran ni le hablan, simplemente aceptan su inmensidad dominadora, el rugido que quita el
sueño a los niños al tiempo que los acurruca. Dulces
sueños en la miseria. Confían en las dunas para que
pongan freno a su impaciencia; igual que confían en el
sol y en la lluvia. Esas montañas de arena, siempre en
movimiento, le dicen al mar cuál es su límite.

La «intuición sensible» nos lleva a conocer el fenómeno; y en la cercanía intuitiva se gesta la unión con
el mundo. En la proximidad de las personas de carne y
hueso con las cosas, se hace fútil la teoría si no somos

capaces de intervenir en las limitaciones de nuestra propia mirada hacia dentro y hacia fuera. Ya nos decía Epicuro, en su *Epístola a Heródoto,* que debemos prestar atención a todo tipo de evidencias presentes; dejar que irrumpan en nosotros las sensaciones, sin tratar de imponer juicios que nos cieguen y restrinjan nuestra capacidad de percibir. De lo contrario, nos invadirá la inquietud y el miedo.[2]

4

Sorprende la facilidad que tenemos para relativizar no solo lo invisible sino también lo más inhóspito de la vida humana: las cifras de muertos, el drama de las migraciones, la destrucción y las guerras, la desaparición de otras especies, la crueldad que se ceba con las niñas y las mujeres. Almorzamos con las tragedias ajenas escuchando noticieros y arrinconamos terribles imágenes en algún lugar recóndito de la mente. Ocurre que, cuando se nos acomoda el dolor lejano y ajeno en el cerebro, también se nos instala una *extrañeza de mundo:* comienza a parecernos insólito el amor, un parque repleto de niños jugando a la pelota, un hombre abrazado a un bebé chimpancé, familias enteras de pobres paseando por la playa, personas negras tomando el sol en un hotel de lujo. Puede que incluso comience a gustarnos el silencio, mas no como liberación que invita a reflexionar, sino como refugio.

Es posible que la vida en soledad se haya hecho tan pobre y estrecha que en ella ya no quepa un viaje interior que nos conduzca al encuentro con alguien o con algo. Lo raro es el bullicio, la cercanía, el movimiento. De repente el viaje interior importa, mas no es posible ya. Para poder seguir viajando tendremos que replegarnos a la hondonada del día, refugio y cárcel de quienes también la habitan con nosotros. No se puede elegir entre el día o la noche; salir o volver a entrar en el mundo. Hay que estar en él.

5

¿Qué configura la complejidad de la experiencia humana y de la vida de otras especies? Hay mucho que decir sobre esto, pero solo hay un hecho irrefutable: la fuerza que impulsa la vida y emerge de la urgencia frente a la destrucción y la violencia es inevitable e imparable. Y la urgencia está plena de singularidad, de manifestaciones instantáneas en donde se realiza y materializa la libertad, por insignificantes que nos parezcan sus señales o por invisibles que sean a nuestra percepción.

La invisibilidad no es una cualidad natural del mundo, sino una limitación consustancial a nuestro paso por esta vida, a la miope naturaleza del ser humano. No hay tanta diferencia entre nuestra miopía y la de un insecto que trepa por un pie creyendo estar en la montaña. Así que, aún nos queda aprender a desandar esa limitación, como el niño que aprende a flotar en el agua o a admirar una diminuta flor en la pradera.

Ni la especulación metafísica ni la observación empírica, aunque se ciña minuciosamente a lo más pequeño y agudicemos todos los sentidos, pueden captar el candor mínimo y sutil de un corazón que se afana por seguir viviendo cuando es amenazado. O el temblor de una hormiga que, con una patita quebrada, es aún capaz de llevar un grano de trigo a su hormiguero. La percepción de la relevancia que tienen esos y otros instantes de candor, de empeño por la vida, no dependerá nunca del entendimiento ni de la observación por sí mismas.

6

Ir en busca de la esencia del mundo para salvarlo de sí mismo. Que la libertad sea al menos pensable, un mínimo garante de la moral, de la «utilidad positiva» a la que debemos aspirar, decía Kant. Mas la libertad también pertenece al ámbito de lo impensable de la naturaleza. Y al ámbito de lo impensable de la naturaleza humana, aunque no por ello sea menos alcanzable ni menos real de lo que puede racionalizarse. Yo diría, si acaso, todo lo contrario: la libertad no se puede pensar para uno mismo ni para una comunidad si antes no se reconoce en los demás. Reconocer para reconocerse.

Dejar de ser isla, librarse de la costumbre y comprender que cada nota de todos los lenguajes no aprendidos contiene la libertad que buscamos. Ser libre a pesar de las tiranías de un mundo que operan en nombre de la moralidad —sean del tipo que sean— es, de algún modo, despensarse, volver a un origen común y compartido que se resiste a ser eliminado o reprimido. Libertad como certeza no opinable. Un absoluto, por fugaz que sea su revelación o su realización; el convencimiento de reconocerse en la esencia del mundo y en aquellos resquicios, aun recónditos, en donde la vida se afana por seguir siendo vida; sin más.

7

Incorporar, al menos, una mirada que pueda apreciar la singularidad, aunque la individualidad quede desplazada del punto de mira. Esto es vital para estar en el mundo con cierta conciencia de lo que atañe a los demás y comprender los problemas que afligen a otras personas.

Muchos proyectos sociales o de cooperación fracasan porque no somos capaces de entender comportamientos o cosas que resultan incomprensibles desde nuestro posicionamiento cultural. Acciones cegadas y limitadas por las tres «íes»: «ideología, ignorancia e inercia», impiden comprender que tal vez, para algunas personas, tener una vida en paz, agradable y tranquila es igual de importante que comer.[1]

Decía Baruch de Espinosa que: «Las cosas que más nos agradan son las que podemos imaginar fácilmente».[2] Dejarse llevar a territorios desconocidos de la mano de un vaso de agua, agarrándonos a una silla sin patas y sin madera. En algún lugar, lo colectivo es un valor autóctono que mueve los días con menos esfuerzo, bajo un sol abrasador en los arrabales de alguna ciudad. Pensar el aire. Aunque parezca trivial o falto de sentido, el aire de un mundo natural sin esencias tal vez nos acerca más a otros seres humanos que anhelan el roce de una brisa, en algún lugar, para que alguien comprenda que no existe su soledad. Ese deseo contiene una libertad incontestable, un instante, propio, único y singular, acurrucado en un sorbo de café, con el que podríamos compartir un rato de amistad.

8

¿Qué quedaría si nos despojásemos, tan solo un poco, del raciocinio; esa función de la mente humana que se ha erigido como reina absoluta durante más de dos milenios? Los griegos presocráticos nos dejaron *mêtis*, pero se nos ha olvidado:

> *Mêtis* es la cualidad particular de una atención intensa que, sin esfuerzo, puede ser consciente de todo a la vez. Mientras nuestras erráticas mentes deambulan en sus viajes infinitos, ella siempre está en casa. Y su casa está en todas partes. *Mêtis* siente, escucha, observa; incluso puede estar atenta, al mismo tiempo, si se la deja a su aire, a cualquier pensamiento que entre y salga de nuestra conciencia.[1]

Dejarnos llevar por *mêtis* es el camino al reconocimiento del mundo, sus fealdades, falsedades y mentiras, pero también sus verdades y su belleza. Deberíamos poder recuperar esta capacidad perdida por culpa de un tozudo empeño por poner al raciocinio en el pedestal del Olimpo.

¿Habéis observado alguna vez una procesión de hormigas sucumbir lentamente ante el veneno de un espray? Es un espectáculo terrible que pasa desapercibido a no ser que queramos verlo. Si nos parásemos a observar, esas criaturas insignificantes nos inspirarían compasión: agonizando, moviendo alguna de sus patitas en un último microsuspiro; retorciendo su cuerpecillo para buscar un pequeño hálito que las devuelva a la vida, acercándose unas a otras para no sucumbir solas y desorientadas. Las tragedias son directamente proporcionales al tamaño de quienes las viven. O eso creemos. O eso queremos pensar.

9

Que nada pase inadvertido. Dejar la conciencia en suspenso para que las cosas nos asalten y nos «afecten». Que el intelecto se aparte y deje paso, verdaderamente, a lo que estamos viendo, oyendo, sintiendo. Ese es el momento propicio para el encuentro. Eso es el encuentro. Estamos siempre muy cerca del encuentro con el momento presente. Compartimos zozobra y desconcierto, miedo en un presente y un futuro que creíamos vivir en soledad. Echamos de menos el cuerpo, nuestro cuerpo y otros cuerpos. Anhelamos el retorno a un espacio acogedor que se alargue y se encoja con nuestros movimientos para dar cabida a una multitud a nuestra medida.

No nos hemos dado cuenta de que la materialidad artificial es cercanía con la muerte, y de que lo perecedero en nosotros nos devuelve al lugar deseado. La distancia a la que nos hemos acostumbrado impone una ausencia de aire que en nada se parece a una playa inmensa y vacía, ni a una hermosa pradera. No nos calma, nos inquieta. No nos llena de sereno júbilo ni nos recuerda que estamos vivos, sino que morimos más. Que el amor es algo distante y la distancia del amor es para evitar la muerte. Queremos allegarnos al sol, sentir su cálida mano, acercarnos a una frescura, para que, inocente, nos roce, sin alejarse al otro lado del viento.

10

Mas explorar aromas no es posible sin restregar nuestra curiosidad por las narices de otras gentes. ¿Por qué indagar en el olor de otras cotidianidades? Cuanto más se experimenta el viaje interior más se aleja la riqueza del mundo. Podría haber un momento de la vida humana en que las ínsulas del alma fuesen tan extrañas que merecería la pena quedarse a vivir en ellas. Mas ese momento no llega fácilmente, o no suele llegar si antes el alma no se ha inundado de colores, abrazos y aromas que nada y todo significan, y que jamás pueden preverse. Y entonces el miedo es un trueno sin destino ni rumbo fijo que siempre nos encuentra. Aunque es posible acostumbrarse a él, dulcificarlo, como si la tormenta que nos elige y nos acosa fuese de pronto alivio en el tórrido verano.

¿Cómo será cuando podamos leer cada pequeño destello de otros ojos o la comisura inapreciable de unos labios que sonríen? No sé si hallaremos la dicha o si sufriremos por ver, frente a frente, las mentiras que no nos hemos dicho y que intuimos. Lloraremos por encontrarnos con el ápice de un estremecimiento, de un levísimo temblor que no podemos atrapar. No sabremos por qué, pero, con toda seguridad, lloraremos. Nos abrumará la certeza de que somos como cualquier otra criatura. Nada cambia, nada se ha interrumpido.

IV. Improvisación

1

Arropar a otros seres que se exponen a morir de frío es la única elección ética, obligada imposición universal. Lo demás es espontáneo o debería serlo. El encuentro instantáneo que nos trae el brote de una supervivencia que no ha sido elegida, no se alcanza, no se busca: ha de ser. No hay moralidad que pueda amarrar lo espontáneo. Nada detendrá a los habitantes de la urgencia cotidiana de salir a buscar sustento, aunque quedarse fuese un mandato histórico. Más fuerte es el devenir del mundo; nadie ni nada puede pararlo.

La procesión de faldas largas, corbatas y blusas blancas avanza desordenada por la lengua de fuego. El viento acaricia pensamientos con sal y anuncia la hora de la escuela. Caminan sin destino fijo, siempre llegando, siempre partiendo del mismo lugar. Van y vienen, vienen y van. Sonríen y pelean buscando unas pocas sombras donde apoyar sus deseos. La vida es un punto en la montaña de arena; gotas de espuma que lograron saltar por encima de las dunas para encogerse en el camino. Una pobre planta de mandioca siempre despojada de verdor y sedienta: las mujeres hacen maravillas con ella para calmar el vientre del hambre.

Quedarse un momento es el quedarse exigido e indiscutible. No hay debate que pueda refutar el bullicio de la vida libre y rebelde en este mundo. Todas las imposiciones son siempre desiguales e injustas, incluso las que buscan igualdad y justicia. Las personas estamos obligadas a entender ausencias y desterrar presencias dogmáticas que nos incitan a leer solo la página de una vida sin instantes.

2

Hay tantas formas de quedarse, que nadie podrá nunca no quedarse. Mas resta aprender a hacerlo. Volver al viaje interior que no puede ser una travesía en solitario. Viajar en quietud, viajar enmudeciendo para quedarse a sentir la algarabía de los demás, la infinitud de su otro interior.

El pensamiento nos aparta del viaje. Nos vemos en la obligación de aceptar la incertidumbre, la historicidad del mundo, como una realidad ineludible que nos paraliza porque la vida humana deja de ser una verdad absoluta. Afortunadamente, un día nos damos cuenta de que algunas cosas tienen lógica propia. Asomemos la cabeza, aunque sea muy despacio para ver el reino de lo incierto. Llevamos demasiado tiempo huyendo.

Necesitamos la página en blanco para marcharnos y para arribar. Desplazarnos poco a poco de nuestro propio ser hacia un hoy que no sea la misma mañana que ayer. Quedarnos marchándonos para volver con los ojos repletos por haber visitado el tiempo imperceptible e infinito en otras personas y en otros seres.

Un rato de este cuaderno, por favor, solo un rato. Hay que hablarse así, suplicándose, para escuchar. Llueve a mares, a cántaros. Se ha desbordado el cielo, se ha resquebrajado. Llueve la música que escuchas. Llueve el pensamiento para garantizar un lento goteo incesante de vida y muerte. Llueve el hambre que se extiende como la peor plaga; la violencia que arroja cuerpos por las ventanas. Llueven las mentiras y la vanidad forma ríos de ignorancia. Mas también llueven jabalíes, pájaros tempranos, néctar de barro para las criaturas madrugadoras de la Tierra.

Hoy ha explotado el monte. La llegada de la primavera ha querido coincidir con el permiso que otorga la lluvia para que la gente salga a pasear. El campo parece resignado; nos estaba esperando, como si fuéramos flores tardías de estío. Estamos un poco de prestado. Que el verde de la hierba, llameante y espléndido con los primeros rayos de calor, está mucho más ahí que nosotros; pertenece más al paisaje que unos simples caminantes, corredores o ciclistas sudorosos con la desconfianza en los talones.

El campo es un sanatorio improvisado.

4

La naturaleza es una profundidad necesaria. Estar lo más cerca posible de la trama de la vida en estado puro tiene un doble efecto: nos reubica en nosotros y en el todo:

> Al darnos cuenta de la trama a la que pertenecemos, nuestro sentido de lo que somos y de lo que significa ser *nosotros* cambia [...]. Los lazos que nos unen a otras vidas constituyen lo que somos; son ellos los que nos componen.[1]

Si te hace falta respirar el mar, navegar bosques, surcar la tierra, volar en el amanecer con los caracoles que se arrastran. Si lentamente soñar el aroma de las flores, si hábilmente desollar tu espíritu y fundirte con los pájaros y los brotes de los árboles, en el amplio espacio de una libertad que es mucho más que ella misma. Si salir a encontrarte con la soledad más tuya, y más abierta al mundo, más ligera, más cerca y leal a ti. Si a los demás también. Si no lo sabes. Si a ti no.

Hay muchas razones y sinrazones.

5

Acostumbrarse a compartir la extrañeza del mundo con otros seres no es suficiente para amansar asperezas del vivir. Tampoco lo es habituarse al tiempo y espacio en el que cohabitamos con nuestra propia especie. Tendríamos que comprender mejor por qué la ternura es un sentimiento selectivo y narcisista. No caben insectos, reptiles ni crustáceos; ni tampoco plantas carnívoras, ni transparencias venenosas diluidas en las profundidades abisales de los océanos. Es más fácil sentir amor y comunión por seres que nos recuerdan a nosotros mismos.

Mas el viaje interior nos desvanece y acaba por amargar el dulzor de los días. Mejor sería alardear de haber encontrado un levísimo rasgo de color en la más fea de todas las criaturas. Entonces sabríamos que el mundo se nos está revelando. Habría llegado el momento de regresar al viaje interior con la seguridad de no estar solos.

6

Todas las especies animales son inteligentes, tienen desarrollados los sentidos que necesitan para su supervivencia, y también para aprovechar al máximo la vida que les ha tocado vivir. O disfrutarla.

Algunos pájaros y mariposas migran, viajan miles de kilómetros y vuelven a su nido año tras año, ¿qué disfrutan más el viaje o el retorno al hogar? Tendemos a asumir que viven para llegar, pero quizá no sea así, porque saben siempre que llegarán y están preparados para ello; se guían por ondas magnéticas, campos de luz, pequeñas vibraciones. Saben llegar siempre al punto exacto. Tal vez la llegada repetida sea solo una instancia circunstancial en su vuelo. Quizá es el vuelo lo que importa.

¿Por qué pensar que el retorno anual de la tortuga verde para depositar decenas de huevos en la arena a miles de kilómetros de donde se encuentra es el momento culminante de su ciclo vital? La tortuga verde nada. Nada a través de los océanos. Para un ser que pesa doscientos kilogramos, ¿no será más importante la sensación placentera de flotar en el agua y dejarse arrastrar por las corrientes marinas? ¿O aparearse en el agua, y salir luego a contemplar la inmensidad azul de un cielo sin horizontes? Nada altera la intensidad de una experiencia.

Volvemos a hablar de Sísifo y de Ítaca. No es lo mismo el viaje cuando no se conoce la forma de volver, aunque se sepa el camino de vuelta. En algunas culturas nos hemos acostumbrado a asumir que todo viaje tiene un rumbo y que llegar a un destino es lo que nos proporciona sentido y placer. Mas el viaje de la vida no tiene llegada ni partida. Olvidémonos de Ítaca, que no se nos espera.

Otra semana más terriblemente prosaica. Aunque nos guste nuestro rincón y no necesitemos nada más que una mesa para viajar. Las exploraciones más ambiciosas pueden ocurrir entre cuatro paredes. Al bajar la persiana, tal vez entre la luz de algún lugar que no conocemos y venga a aclararnos el pensamiento o a llevarnos.

Hace tiempo que un escarabajo pequeño, negro y alargado confundió un oído humano con el recodo de una piedra donde establecer su nido. Cuando consiguieron sacarlo, aún estaba vivo. Huyó aterrorizado. Sintieron lástima por él. Aquel intruso les enseñó que el cuerpo es hogar. Y el hogar es un anhelo primigenio que nunca está garantizado.

Pasamos años arribando a algún lugar sin marcharnos de ninguno. No es necesario imitar a quienes siguen los pasos de otros seres de una comunidad. Su felicidad es suya, y es perfecta para ellos; o si no lo es, la están buscando. ¿Os atrevéis a decir que no son felices? Tan inexacto es decir que lo son, como que no lo son. La respuesta solo la podrían dar ellos; si acaso. Por eso, jamás lo sabremos. Esta es otra gran lección de humildad que debemos asimilar. La enseñanza del instante a menudo contradice lo que pensamos.

8

La poesía no se deja escribir estos días. La poesía podría hablarnos de la primavera y del amor, podría acompañarnos, ser nuestra hermana y cómplice. Podría atravesar con nosotros el día que amanece como un día más sin serlo; recordarnos qué siente un cuerpo tumbado bajo el sol o un alma aplastada por el peso de la noche. Pero no viene. No quiere contemplarnos en este estado. Se esconde, se protege de nuestro aliento ansioso de su compañía. Tanto anhelo es un síntoma más de que nos hemos resignado a no tenerla cerca.

Dicen que las tragedias son el origen de algunas obras maestras de la literatura universal. Y, sin embargo, el alma debe estar serena para poder alumbrar el mundo oscuro de los interiores, y el ojo negro que mira sin poder reconocerlo. O imaginar esas otras realidades que quisiéramos abrir como enormes puertas a todo lo que sobrevive con nosotros muriendo.

Lo que más intoxica no son solo las imágenes, sino el discurso. Una y otra vez las palabras dicen lo que no quisiéramos oír nunca. Y su sonido insiste en envolvernos con una corteza gris que no podemos arrancarnos. El lenguaje no es siempre nuestro aliado. ¿Cómo podrá el alma estar en paz ante tanto pesar que se explica tozudamente a sí mismo? Si quedásemos repentinamente mudos, con toda seguridad querríamos compartir cualquier túnica que nos protegiese: la del amanecer, la de la noche, o incluso la de las tinieblas.

Cualquier manto que nos cubra y nos devuelva al lugar primigenio. Para no nacer, para nacer siempre.

V. Desorden

1

En nuestra era hemos descubierto que la incertidumbre es parte inextricable de la vida. Ahora solo nos queda entender que lo que parece doloroso es también liberador. Y nos queda integrar esa enseñanza a lo social.

Es en la incertidumbre donde se ubican todas las revoluciones incontestables e incontrolables. Y es que el *sigilo* con que las personas en su día a día ejercen la libertad no deja rastro visible. Mas ocurre; siempre ocurre. Así que, además de reconocer cómo es el mundo y de explicarlo —en esto la ciencia ha hecho un gran trabajo— hay que integrar lo invisible no como amenaza y presagio del caos, sino todo lo contrario, como fuente de transformaciones que podrían ser liberadoras para una colectividad. Me refiero a ese (des)orden silencioso que permite al ser humano expandirse a través del vínculo, la trama de la creación, lo espiritual y el amor, aun en las circunstancias más adversas. De nuevo Espinosa: «De todas formas, no son las armas las que vencen los ánimos, sino el amor y la generosidad».[1]

Aprender a pensar el instante para descubrir su verdad transformadora en lo personal y en lo social requiere algo más que visiones holísticas o panuniversalistas, algo diferente. Hay que aceptar primero que lo incierto y lo fugaz son parte de una «unidad compleja».[2] Y esto exige desarrollar enfoques analíticos que sean capaces de instrumentalizar lo sutil, y de integrarlo a un mundo conceptual que se rige predominantemente por referentes contrarios: parámetros cerrados, visiones limitantes; intereses sesgados: económicos, nacionalistas e identitarios, liberalistas o libertarios, tecnocráticos, etcétera.

2

Lo aleatorio y lo instantáneo son ontológicamente consustanciales al mundo y a sus criaturas, empezando por los seres humanos. La *experiencia pura* es ontología de la libertad alejada de prisiones sociales y culturales. Y como veremos, el lenguaje que necesitamos para explorar esta dimensión libre de la existencia y de la creatividad humana es contrario a la «palabra adecuada». Solo es posible allegarse a su esencia expresiva con una palabra sin corsés sintácticos ni dictámenes de la razón.

La complejidad de la vida se halla en todas partes. En las categorías de identidad de lo social no cabe plenamente la vida, ni tampoco el amor. La realización de lo humano, y una libertad que trascienda de forma absoluta, sin remedio, los límites externos impuestos por las ideologías pertenecen a un ámbito sin contornos. Los sistemas ideológicos no puedan doblegar su complejidad espontánea, y menos aún explicarla, porque en su afán por conocer y ordenar el mundo han excluido lo incierto y lo impredecible. Y, por el contrario, es precisamente en la instantaneidad del mundo donde la naturaleza hipercompleja de la vida y del comportamiento humano se explica a sí misma. Es ahí donde debemos buscar alguna clave y alguna esperanza para

poner fin a los estragos que causa el afán de dominación y de poder del ser humano.

Aceptar el azar. Navegar con lo impredecible como
si fuéramos delfines al lado de un navío; volar con lo
invisible, como una manada de gansos que confían en
el viento, aunque no sepan a dónde se dirigen. Aceptar
la incertidumbre como principio organizativo y desor-
ganizador de lo subversivo, y de todo lo que tiene un
potencial profundamente transformador.

3

El problema fundamental que tenemos, y que nos condiciona, es la escasa tolerancia hacia el desorden. Hemos logrado construir un sistema de pensamiento que hace del orden su instrumento principal para afianzar ideas fijas acerca de lo que somos o de lo que queremos, y para explicar lo que nos rodea. Hasta para explicar lo inexplicable, la trascendencia o la existencia del alma, construimos complejos sistemas de pensamiento y creencias ordenadas que nos tranquilizan porque nos transmiten cierta sensación de control. Pero esa búsqueda de la totalidad explicativa del mundo y de nuestra existencia es un camino fútil que nos aleja de la verdad: «la totalidad es la no-verdad» porque elude la incertidumbre, que es consustancial a la naturaleza y al mundo.[1]

Y ahora que sabemos tantas cosas, ¿cómo abordar desde la incertidumbre la reparación urgente del mundo, de un mundo que se autodestruye y en donde los seres humanos nos destruimos unos a otros?

4

Quizá sea suficiente llegar a «saber»; sumirnos en la «experiencia pura» del mundo. Tal vez si fuésemos capaces de entender el lenguaje de lo fugaz y de los mínimos gestos de complicidad en la complejidad de lo cotidiano. Tal vez si nos acercásemos con un pensamiento despojado de una razón deificada. Tal vez, si pudiésemos escuchar el aire, entenderíamos que ese mismo aire que alberga tu momento de felicidad y el mío, es también el instante de brutal sufrimiento de otro alguien. Y es el baile de dos mariposas; el fin de un caracol, aplastado en la carretera. No hay caparazón que nos proteja.

La percepción «compleja» del aire es necesaria, y es urgente. Mas solo es posible si integramos a nuestro pensamiento la posibilidad conceptual de lo incierto y de lo fugaz: potencialidades epistémicas que nos pueden revelar algo esencial con lo que construir nuevos parámetros de utilidad común. Esto es, si abandonamos el delirio de creer que se puede aspirar a una coherencia absoluta y nos dejamos «ilustrar» por la racionalidad autocrítica de la «experiencia pura».[1]

Sí. Dejar que el mundo nos asalte. Que el corazón se exprese y se muestre como una fuerza imparable que surge del desorden del mundo. Conciencia agudísima en donde también el sufrimiento se reinventa permanente como libertad, en sus múltiples manifestaciones cotidianas o espontáneas: rabia, lágrimas, carcajadas, sonrisas, revoluciones, luchas, pequeñas venganzas, etcétera.

5

Toda destrucción genera construcción; todo desorden, orden. Y viceversa. Y todo al mismo tiempo, de manera simultánea. De lo más inesperado que nos asola emergen también impulsos para idear remedios innovadores, no predichos en los planes de políticas o normativas públicas. La incertidumbre es a la vez fuente de destrucción y origen de soluciones; fuente de caos y potencia de unidad. Nos iría mucho mejor si aceptásemos esto y tratásemos de orientarnos bien en el caos; palpando —si no vemos— lo que nos enfrenta, día a día, a la violencia y a la destrucción.

Nos guste o no, lo veamos o no, la realidad es extremadamente contradictoria. Orden y caos, y todo lo que no es ni una cosa ni la otra. Un instante puede contener toda la información sobre dicha naturaleza de las cosas, y sobre lo que «no es»; puede acercarnos a comprender mejor la verdad reveladora y fugaz de una experiencia peregrina, pensándola de otro modo, hablándola con un lenguaje que emerja de los silencios, de las formas, de las turbulencias y huecos de la vida natural y social. Y es que, en los brotes y rebrotes de belleza, de júbilo o de dolor, en la «experiencia pura», podría haber al menos un instante incontestable y revelador al que aferrarnos.

¿Qué mensajes liberadores puede traernos la «experiencia pura»? Esa es la pregunta clave que nos ayudaría a instrumentalizar lo incierto y lo elusivo.

6

En mis otros libros, y sobre todo en *La urgencia de vivir*, desarrollé un método que no era ni podía ser método en sentido estricto; era más bien un nuevo paradigma que permitiría captar el fenómeno social, elusivo y difuso, de naturaleza imprevisible al que denominaba *émeute*. *Émeute* es el conjunto de las *rebeliones sigilosas* que, sobre todo las mujeres y todos los seres humanos con una existencia mundana fuertemente marcada por su condición de no-hombre, protagonizan en contextos sociales patriarcales. Se trata de un fenómeno compuesto por impulsos reactivos con un bajo grado de conciencia; reacciones de naturaleza afectivo-emocional que tienen un componente de rebeldía relacionado con la no-aceptación del género como condicionante social.

Émeute es un ejemplo del tipo de complejidad a la que me estoy refiriendo en este libro; una complejidad de la vida humana que hay que aprender a captar aceptando su naturaleza desordenada (entrópica) y elusiva. Tratar de desentrañar fenómenos sociales de esa naturaleza, como quien estudia una estructura celular o una nueva galaxia, no nos llevará a ninguna parte. Hay aspectos de la realidad que solo pueden percibirse si pensamos en ellos en términos de apertura, de ecosistemas, de relaciones e interacciones inabarcablemente complejas y cambiantes.[1] Pero en realidad es muy sencillo, hay que estar atentos a un significado que a menudo se nos escapa porque lo pensamos. Para los griegos de la Antigüedad, la interpretación consistía en gran parte en no interferir, sino más bien en mirar, escuchar, «permitir que las cosas observadas revelaran su significado».[2]

7

Una de las consecuencias de las estructuras de poder es que generan procesos de naturalización a través de los cuales las personas asumen como suyas cosas que en realidad les son impuestas desde fuera. Para reflexionar sobre este asunto resta adentrarse en lo huidizo del mundo, abandonar todo intento de control y de estructura del pensamiento. Y es que, solo si nos movemos en el terreno de lo elusivo, podremos comenzar a entender que hay también un vasto océano de resistencia generado por las tiranías del mundo.

Formamos parte de fenómenos ubicuos que no podríamos controlar, aunque quisiéramos, y es en el espacio de lo elusivo donde se superan y revierten los límites coercitivos de la historia. Es en el ámbito insondable, pero tan real o más que lo visible y fácilmente explicable, donde se anula la razón de ser de los propios mecanismos con que el mundo social que conocemos tiende a sistematizar y a querer controlarlo todo.

8

Los fenómenos sociales siempre tienen un grado de imprecisión; solo son apreciables en su complejidad con conceptos que se refieran a ello. Uno de esos conceptos es la idea de «incertidumbre», que no es otra cosa que complejidad o «la complejidad de lo real». Como diría Edgar Morin, es necesario incorporar la «incertidumbre» para afinar nuestro análisis sobre la oscuridad o la luz del mundo.

Quizá hoy, más que nunca, antes, vivimos en una guerra de información en donde encontrar un relato que haga coherente las incoherencias de estos tiempos es también un asunto metafísico y transcendente. Aunque pueda parecer lo contrario, en la era de Internet y de las redes sociales, nos aferramos al lenguaje mucho más que a las imágenes. Y es que, encontrar un discurso que reconcilie el afán de control y de conocimiento, el imperio de la razón —y su contraparte la sinrazón— con todo aquello que se nos escapa en el ámbito inabarcable e incierto del instante, es lo único que nos puede proporcionar una pequeña sensación de control. Se necesita el lenguaje para dar sentido a una explicación del mundo y para ordenar su devenir rápido y caótico. Mas no es suficiente el lenguaje para resolver la urgencia del mundo.

VI. El alba primera

1

En una urna están sus cenizas. La pared enmarca su retrato. ¿Qué significa poner fin a una vida? En este caso se trata de la vida de una mascota. Una mascota nos ancla en la cotidianidad, en la minucia de nuestra mundanidad ¿más banal?, ¿más humana cuanto más cotidiana? El día a día, el paso de las horas, la fugacidad del tiempo se llevan todos los instantes de nuestra existencia. Mas cada instante contiene tanto de «lo pequeño», que —aunque suene contradictorio— es lo que más nos acerca a la infinitud y a la inmortalidad; a la sensación, tan ansiada, de atrapar algo del tiempo, algo de la luz de la vida que se nos escapa suave y violentamente.

Es un asunto difícil de explicar; ancestral o cósmico, metafísico u ontológico sobre el que se ha escrito mucho. Tiene que ver con el lugar que ocupamos en este mundo y con nuestra relación con todo lo que nos rodea. Se trata de la lucha del ser humano con sus propias armas: su conciencia y el poder que somos capaces de ejercer sobre la vida de otros seres.

Nunca sabremos cuándo es el momento justo de regalar una muerte a nuestra mascota enferma y anciana. El dilema no es cuándo enfrentarnos al vacío que deja la muerte. Es una encrucijada diferente, mucho más difícil de afrontar: la de ejercer de dioses, ejercer nuestro dominio con justicia y compasión, arrebatar a un ser que amamos su esencia como habitante de este mundo. Cuando llega ese momento, tenemos que volver a aceptar algo que hemos estado negando, y de lo que hemos estado huyendo: que todo se reduce a un instante. Y que ese instante es la nada y es el todo.

2

Somos justicieros sin control de lo instantáneo. Y nuestra libertad es también una experiencia subjetiva instantánea: por un momento parece escapar a prescripciones externas, y de repente, resulta que está sometida a ellas.[1] No podemos evitar la muerte y, sin embargo, somos capaces de matar, por crueldad o ambición, en defensa propia, por compasión, por justicia. Esta disyuntiva entre lo que no podemos evitar y el inmenso poder que tenemos es el drama terrible de nuestra existencia. Ser dioses del instante con poder sobre la vida nos aboca a una mundanidad siempre desconocida.

¿Qué es lo que nos hace humanos? De la relación que establezcamos con lo pequeño, que se nos aparece disfrazado de nimiedad, costumbre o irrelevancia, depende nuestra capacidad de conectar con nosotros mismos, con otros seres humanos y con otros seres en general. Y esto último es muy importante, porque el poder de los humanos para hacer del mundo un lugar habitable, un lugar mejor, y contener fuerzas oscuras y violentas, está ligado a la capacidad para establecer conexiones con otros seres.

No sabemos de dónde venimos. Es fútil afirmar lo contrario, aunque entendamos que el origen celular de nuestro ADN proviene de explosiones de estrellas y comprendamos el proceso biológico de la procreación y de la gestación. Lo único que sabemos a ciencia cierta es que nos sentimos seres existentes, inmersos en un proceso vital al que hemos dado forma lineal e histórica. En este contexto, ¿por qué es importante lo cotidiano, lo minúsculo, el instante?

3

La humanidad del ser humano es un proyecto inacabado y siempre amenazado.[1] Por eso es tan relevante explorar cómo la posibilidad de construir un mundo verdaderamente conectado e inclusivo puede albergarse, al menos, en aquellos aspectos de las vidas cotidianas que parecen más insignificantes.

A menudo, la historia de las grandes hazañas o de las grandes tragedias está llena de pequeños actos que resultan ser heroicos, aunque sus artífices no lo persigan. Profundas transformaciones sociales, con efectos positivos para millones de personas, tienen su origen en algo muy pequeño, sin importancia, que desencadena inesperadas casualidades, que a su vez dan lugar a eventos con enorme repercusión sociopolítica y económica. Son incontables las ocasiones en que la valentía de una sola persona, en un solo instante, puede cambiar el curso de la historia.

Jamás se encuentra un significado plenamente significativo —valga la redundancia— para todos los seres humanos en «los grandes acontecimientos». En realidad, los llamados grandes acontecimientos suelen tener un tufo de absurdidad, aunque mantengan un aura de grandeza o de tragedia. Alguien anuncia que volverá a explorar la luna al tiempo que, «insignificantemente» destruye medio siglo de negociaciones de alto nivel para la paz en Oriente Próximo. Alguien dice que va a liberar a una región de otro país e, «insignificantemente», inunda todo de destrucción y muerte. Alguien lanza un misil que «insignificantemente» destruye una escuela llena de niños, y en otro lugar de nuestro planeta, unos terroristas secuestran a un puñado de niñas de las que nos acordaremos, «insignificantemente», algunos días y nada más.

4

Mientras, un pescador tunecino limpia un basurero para convertirlo en el improvisado cementerio que acoge cuerpos de los ahogados sin nombre, devueltos a tierra, piadosamente, por el mar. En el gesto de un día cualquiera se encuentra la única lápida con nombre propio en aquel cementerio improvisado; es para una mujer nigeriana, Rose Marie, que murió enferma en una patera cuando cruzaba el Mediterráneo: «Rose Marie, muerta a los veintisiete años». Y entonces, ocurre que la halografía de algún político insiste en hacerse significativa para nosotros.

Las cosas pequeñísimas que pasan fugaces por nuestra cotidianidad, con estela o sin ella, nos dejan un poso ojeroso, levemente oscuro bajo los ojos, y pequeñas arrugas que van marcando un poco más nuestro gesto. ¿Cómo sería la vida si aprendiésemos a apreciar y comprender los matices de lo que tenemos delante de nosotros, de lo que habitamos, de lo que nos rodea?

5

Nos cuesta percibir lo minúsculo. No sabemos apreciar lo que es, lo que contiene, lo que significa, ni en nosotros mismos, ni mucho menos en los demás. Y es que vivimos abrumadas y abrumados por la magnitud de algunos acontecimientos, o por la dominación que ejercen cosas superfluas, materiales, circunstancias, aparatos que nos esclavizan en el día a día. Necesitamos lo pequeño. Vida frente a la muerte del alma. Algunas llaves que nos abran ventanas y nos permitan vislumbrar qué maravillas esconden. La vida está llena de episodios y eventos con significados apenas discernibles que tomamos por irrelevantes o que, simplemente, no vemos.

Lo que podemos captar con las palabras y conceptos que nos permitan referirnos al instante, contiene vestigios de otros instantes cotidianos, gestos del pasado y del momento presente, igual de minúsculos e igualmente relevantes. Así hasta el infinito.

6

Una periodista, que no soporta el peso de la verdad oculta y censurada en Rusia, muestra un cartel sobre la guerra de Ucrania en horas de máxima audiencia televisiva. No sabemos qué efecto real habrá tenido en las conciencias de la sociedad rusa actual un acto como este, profundamente rebelde y peligroso. Pero cuando llegue el día de la caída del régimen, sin duda, podrá decirse que ese acto también contribuyó a ello.

La verdad tiene un efecto difuso y ambiguo, pero es inexorable. El impacto de un solo gesto, por difuminado e impotente que parezca, es tan real como las grandes revoluciones y acontecimientos de liberación o destrucción que dan un giro brusco a la historia.[1] La vida pública, las interacciones, lo social están plenos de una creatividad incesante, ilimitada, en donde se realiza y se concreta colectivamente la humanidad del ser humano.

7

Vayamos de lo más inmenso a lo más pequeño. Se ha lanzado un artefacto al cosmos que será capaz de ver el alba primera del universo. Se da la circunstancia de que aquella luz primigenia existió hace 13 700 millones de años, mucho antes de que hubiese vida en la Tierra. ¿Qué interés puede tener algo que ya no existe?

Si no podemos conocer lo que nos precede, difícilmente podremos entender lo que somos y lo que estamos viviendo. Quisiéramos habitar la primera luz, no es que queramos saber haberla habitado. Quisiéramos que fuese nuestro presente o, al menos, un pasado que nos retrotrajese al hoy que somos. No es toda la luz lo que queremos conocer, sino el instante primigenio de la luz, el amanecer cósmico que precedió a la vida en la Tierra; lo que originó la luz que permitió y permite hoy nuestra existencia. La historia de esa luz es todo el pasado que no hemos vivido y la razón de ser del tiempo que sí hemos vivido y que conforma nuestro presente y nuestra historia.

Llegar a conocer la luz primigenia sería, al fin, la conquista del tiempo y, en cierto modo, la anulación de su linealidad. El presente sería también pasado, su luz, que hizo posible que la historia de la vida en la Tierra fuera mundo, tal y como lo conocemos.

Nunca, antes, ha tenido más sentido afirmar que somos criaturas cósmicas, pues el cosmos no se parece en nada a lo que creíamos que era hace tan solo treinta años. Hoy sabemos que hay miles de millones de galaxias y que ciertos resplandores que vemos con sofisticados telescopios ya no existen. Sabemos que en algunos puntos llamados agujeros negros, la gravedad es tan fuerte que alberga la inexistencia. Mas ¿qué contiene entonces la inexistencia? No tenemos capacidad para ver lo inexistente, ni lo infinito, más bien al contrario: tenemos una inteligencia y unos sentidos muy limitados que solo nos permiten vislumbrar o imaginar fenómenos que ya son pasado. La física contemporánea, con la teoría de los cuantos y su explicación sobre la enorme complejidad y dinamismo del nivel más micro de la materia, nos obliga a aceptar que no somos capaces ni tan siquiera de llegar a comprender del todo, cómo los átomos, quarks y gluones giran vertiginosamente formando infinidad de redes interrelacionales.[1]

Nos queda de consuelo nuestra capacidad para inventar instrumentos que nos permitan ver hacia atrás en el espacio/tiempo. Y tenemos nuestra mente, que nos ayuda al menos a explorar con el lenguaje algunas dimensiones desconocidas de la existencia y a buscar significado más allá del raciocinio materialista.

8

Hemos logrado un tímido acercamiento al alba primera del universo, una foto de la luz originaria. Y eso nos debe hacer entender que nuestro vínculo con el cosmos es también lo que nos hace humanos. Nuestra esencia como seres humanos no puede desligarse de la evolución cosmológica. Somos parte de una cadencia temporal que es a la vez presente y pasado del universo. Así que, en cierto modo estamos conociendo ya algo acerca de la inmortalidad.

Buscamos un *selfie* con el alba cósmica, aunque sea de forma teledirigida, con control remoto desde la NASA. Y, sin embargo, las cosas que ocurren en el instante que tenemos delante se nos escapan, eluden la percepción. Es nuestra obsesión por atrapar la escena. Queremos también olvidarnos de la trivialidad del instante, alejarnos del presente, alcanzar la inmensidad, la inmortalidad, la fama, el poder y el origen; todo lo que se asemeje a alguna forma de grandeza y a lo que —creemos— contiene la verdad. Mas la imposibilidad de hallar la verdad es una lucha encarnizada que comienza con nosotros mismos. A nadie le importa qué buscamos ni a dónde queremos ir. Instrumentalizamos el presente para intentar detenerlo a nuestro gusto con innumerables fotos y *selfie,* pero al hacerlo, lo vaciamos de significado, le robamos su condición de fenómeno. Es decir, coartamos la posibilidad de que la capacidad probabilística del tiempo futuro se nos manifieste plena de significado. Entonces, solo nos queda la carcasa vacía de una imagen que ya es pasado.

Una contradicción existencial nos atrapa: lo que nos aproxima a conocer la verdad del origen, nos aleja de poder alcanzarla. El relato que reconforta y sacia nuestra sed de inmortalidad y de verdad, nuestro empeño por dejar una huella en este mundo, es también lo que nos aleja de cosas e información relevantes del día a día. Somos capaces de inventar telescopios que llegan a captar el alba primera del universo, las dimensiones más alejadas de la vida en la Tierra y, sin embargo, seguimos sin entender la «esencia del ser humanos».[1] Resulta que, precisamente, en lo «poco importante» de nuestro tránsito por el mundo, en lo que pasa desapercibido, es donde pueden residir algunas claves que nos ayuden a encontrar paz del alma y a alcanzar armonía con los demás.

9

Afirmaba Parménides en el siglo v a. C. que la luz y la oscuridad son la esencia de todo y señorean el mundo por igual: «Todo lleno está a la vez de luz y de noche invisible; / de ambas por igual, puesto que a ninguna de ambas nada pertenece».[1] La esencia de la luz y de la noche puede ser capturada a través de la música con su lenguaje abstracto de sonidos que transcienden el relato, la melodía; un hálito que no es canto, un coro que solo suspira, un instrumento que gime o simplemente rasga el aire.[2]

Habrá un tiempo de luz y otro de gris suave. No permitiremos la oscuridad. Haremos que brote un capullo en mitad de la noche sin estrellas. O le robaremos un poco de blanco a la luna, que nos atiende siempre, que suele escuchar nuestro ruego. Además, ¿quién sabe cómo es el otro lado del amanecer? Nadie lo sabe. Nadie oye tampoco el lento y perverso discurrir de las termitas, aunque nos podrían anunciar cómo es realmente el suelo inmenso de la falta perpetua de luz.

Dormiremos imitando lo que nos enseñe el polvo rojo. Queramos o no, el polvo se posará encima de cada trozo de vida acariciando lo que le plazca, como le plazca y cuando le plazca. La tierra hará suyo cada rincón de luz inerte en los arrabales de cualquier ciudad que se afane desesperadamente por crecer con cierto orden. También la lluvia se confabulará para impedir miradas furtivas en algunos lugares oscuros a plena luz del día.

10

Se dice que los objetos se descargan de valor en las vidas que están dominadas por la prisa; que el consumismo, el derroche, el desapego son algunas de sus consecuencias. Esto es en parte cierto, aunque también ocurre lo contrario: el desarraigo consumista genera apego por unas cosas y no por otras. Es un apego escogido, selectivo y, visto desde fuera, a veces inusitado.

La facilidad con que algunas personas en nuestros días pueden acceder a las cosas materiales deseadas, no satisface la sed de afecto que arrastramos ni la necesidad, muy generalizada, de tener anclas de identidad, asideros que acoten un territorio propio, solo nuestro, distintivo de nuestro «yo» y de nuestro «nosotros». A veces escogemos algo que solo tiene un sentido especial para nuestra individualidad y lo preservamos en un lugar muy privado de nuestro ser más vulnerable. De alguna manera, escondemos la esperanza de que cada vez que nos miremos o nos toquemos, ese algo que nos distingue nos devuelva a un mundo entrañable y cálido que no queremos perder.

Vamos buscando, rastreando experiencias, cosas y seres que nos traigan la sensación de un vínculo primigenio con «el saber» sobre nuestros orígenes, con el sentir el «de dónde venimos»; un saber que perdimos al nacer y que queremos recuperar porque, en algún lugar de nuestro corazón, comprendemos que es ahí donde estamos unidos con el mundo. En nuestra propia huida perpetua de la temible soledad del corazón, nos aferramos a la vida.

El mundo nos lleva al saber sobre el origen, porque este se halla en cada átomo de vida y de materia, en cada vestigio de luz, en cada instante. Lo que vemos un día al tropezarnos en plena calle, en una simple noche de verano, puede ser la luz de un origen que existió y ya no es tal; una estrella que se extinguió hace millones de años. Mas ¿qué importa? Tenemos los sentidos, la poesía, el arte, la música, la naturaleza, el amor y otras cosas que nos acercan a una verdad perdida. Tenemos «el amanecer cósmico» que buscamos, en nuestra propia potencialidad de un existir mundano.

El rastro de algo. Nuestro rastro. La huella de un ser querido. Nos pasamos la vida rastreando y asegurándonos de que conocemos los rastros, de que no nos olvidaremos de algunas estelas que dejan tras de sí los seres que se van, o de que permanecerá también nuestra propia estela, en nuestro propio tiempo. Los animales también lo hacen. Se rastrean unos a otros. No es que los seres humanos seamos, como se suele decir, «algo animales», es que todos los seres vivos vamos en busca de referentes que nos devuelvan un poco del sentido originario de nuestra existencia. Saber algo que perdimos al nacer, algo que ya no somos o que hemos olvidado, aunque sea solo con el alma o con el cuerpo.

SEGUNDA PARTE

Visitar la noche del mundo

La palabra exacta

Efectivamente, de la parte a la vez grávida y pesada, etérea y onírica de la realidad humana (y tal vez de la realidad del mundo) se ha hecho cargo lo irracional, parte maldita y bendita donde la poesía se atiborra y se descarga de sus esencias, las cuales, filtradas y destiladas, podrían y deberían un día llamarse ciencia.[1]

Edgar Morin

I. ¿Y si el viento?

1

El lenguaje es un medio para rastrear. Rastrear lo que hay tras la luz que ya no es estrella o lo que esa luz nos dice, cuando se encuentra con el mundo. Lo que la luz nos cuenta sobre ella, sobre su lejanísima procedencia y sobre lo que ve de nosotros y del mundo que halló hace millones de años y que encuentra de nuevo.

Wittgenstein, en su *Tractatus logico-philosophicus* decía que los límites del lenguaje son también los límites del mundo, de *mi* mundo.[1] Mas solo a través del mundo podemos acercarnos al lenguaje y a saber el origen. Esa es la maravilla y a la vez el drama con el que nos encontramos en el vivir. Nunca será al revés: llegar al mundo con el lenguaje. Es el mundo lo que nos lleva a la sublimación del mundo transformado en concepto y en metáfora; en palabra que nos devuelve al corazón de nuestro vivir. Lo que nos destruye y nos agota; lo que nos impulsa al disfrute y al goce. Lo que vemos y lo que no; lo que sentimos y lo que ni sabemos que sentimos. Todo eso y más es lo que nos acerca al conocimiento de lo originario. Pero nos hace falta aprender a saber, conociendo, antes de decir o diciendo.

2

Solo hay un tipo de deseo que nos hace humanos, según Robert Sokolowski: la veracidad, el deseo de poseer la verdad.[1] Es una necesidad fundamental y profunda en el ser humano que puede ser utilizada bien o mal. La veracidad es nuestra capacidad de reacción ante el mundo, así que no puede ser un asunto estrictamente individual, sino que tiene su origen en lo interactivo. Y la búsqueda de la verdad no se da solo a través de un proceso cognitivo, hacen falta también los afectos, el nivel emocional, y otros modos de percepción.

Las cosas son lo que son, y jamás se impondrá lo que no tiene que ser. Para los filósofos presocráticos esa búsqueda de la verdad como esencia de las cosas solo era posible a través de un proceso de pensamiento, pero de un pensamiento alejado de la opinión, que es perecedera. Mas, como nos explica tan bella y exhaustivamente Peter Kingsley, en el mundo antiguo y en el famoso poema de Parménides, las fronteras entre el raciocinio y la mística no estaban tan claras.[2] No fue hasta el siglo XVIII, cuando se produjo en Occidente la disociación definitiva entre lo sensorial, lo mágico y el entendimiento racional. Algo se perdió con el advenimiento de la modernidad.

Acceder a la esencia de las cosas, aprehenderlas en su «sustancia», como decía Aristóteles, es siempre un proceso incompleto, un deseo insatisfecho, porque las cosas retienen el potencial de ser desconocidas y reveladas en cada contexto de una forma diferente. El pensamiento debería ser capaz de captar toda esa potencialidad, sin embargo, no es así. Lo más que podemos hacer es aprender a dejar que las cosas se nos revelen, nos encuentren, aunque sea de manera momentánea y pasajera.

3

Hemos venido a visitar la noche del cosmos y nos hemos encontrado el día de nuestro mundo. Hemos venido a transitar el día y nos recibió la noche de todas las noches. Nuestra conciencia nos empuja a conocer, nos coloca como observadores de otras vidas. Mas no podemos observar las vidas de los demás como quien contempla un objeto externo para analizarlo. Llegar a la noche inventada por la piel y sus sonrisas es una oportunidad para imaginar lo que el sol quiere mostrarnos. Somos intrusas e intrusos en las entrañas de un cielo y un suelo que no nos contemplan.

¿Quién ha dicho que los habitantes de la ciudad tendrían que aceptar nuestra mirada inquisitiva? A través de un cristal rayado en pleno movimiento por la carretera, el vaivén de la vida de miles de personas parece solo color y polvo contemplado desde otra constelación. Hasta que alguien nos mira a los ojos y nos recuerda que no tenemos derecho a indagar sobre su dolor de espalda o su forma de amar. A no ser que alguien nos invite a saber en qué se parece un pensamiento suyo al nuestro que transita fugaz, tímido y desconcertado, tras la ventanilla del coche.

Hay algo muy distante y extraño en observar la desgracia de otros, o incluso su alegría y su fortaleza. Cada sonrisa podría ser una mueca de desprecio o una súplica contemplada desde un agujero negro en algún lugar del firmamento. Conocer la intimidad del deseo y de las luchas cotidianas de otros seres, sus modos de existencia, su singularidad, es un obsceno privilegio. Solo nos queda aprender a saber cómo otros seres nos afectan.

4

La razón (*ratio*), que Occidente ha elevado a instrumento único y privilegiado para explicar el dominio del ser humano sobre lo que lo rodea y su habilidad para mantenerse en el centro del mundo, es también lo que nos hace sentir impotentes ante lo que no podemos controlar, ver, resolver, alcanzar. Mèlich habla de la necesidad de sucumbir o aceptar una «razón desvalida» que sea deferente con su propia fragilidad; esto es, que nos reubique conceptualmente en las limitaciones implícitas e inevitables del conocimiento racional.[1]

Como muestra de una inteligencia superior a la de otros seres vivos y de una capacidad extraordinaria para ordenar la vida humana, el entendimiento racional es, por encima de todo, una herramienta tranquilizadora ante el caos, la inmensidad y la complejísima infinitud de la vida tal y como la conocemos. Mas la razón no nos permite atrapar el instante, ni siquiera conocerlo, vivirlo plenamente o disfrutarlo.

Nuestros sentidos nos traicionan porque en el momento en que nos percatamos de la información que nos transmiten, ya ha entrado en juego el pensamiento, enturbiando otros aspectos de la percepción sensorial. Algo parecido ocurre con lo que llamamos corazón o espíritu. Y el amor solo sabemos que es amor a través de un poso dulce o amargo que su rastro histórico va dejando mientras lo estamos sintiendo.

5

¡Qué paradoja! Al nacer adquirimos la capacidad del conocimiento y del autoconocimiento; un conocimiento que nos explica la vida desde el punto de vista de la ciencia y la biología —incluyendo la muerte como aspecto inevitable de la vida— pero que nos aleja del saber sobre el origen y sobre la verdad. La filosofía se ha planteado siempre encontrar la verdad. Pasamos el tiempo anhelando saber, añorando poder sentir aquello que sabíamos sin esfuerzo antes de nacer por el simple hecho de ser posibilidad de existir.

Buscamos experiencias que nos conecten con la materia, aunque algunas puedan ser destructivas. La poesía, el uso de un lenguaje metafórico, es parte de esa búsqueda de un vínculo con el origen a través del saber; un leve acercamiento a la verdad, que tozudamente quiere ocultarse, que se esconde porque es huidiza por naturaleza. Así que, a medida que vivimos, nos alejamos de nuestra capacidad de conocer el origen y de nombrarlo. Es el drama que convierte a la vida humana en una carrera contra el tiempo y en una búsqueda desesperada de instrumentos para significar el mundo.

No quisiéramos acabar sin haberlo conocido y conquistado. No queremos morir sin saber de dónde venimos, qué es el mundo más allá del ser humano o la vida más allá de la muerte y de la existencia. Y creemos que podemos ubicarnos unos a otros o a nosotros mismos en algún lugar que nos acerque a ese saber y nos devuelva una sensación de arraigo que hemos perdido al nacer.

6

El instante es sensorial, la verdad es instantánea; y su esencia, misteriosa y efímera. Esto nos enseña la ontología estructural: «solo hay que tocar antes las cosas y a los hombres su propia melodía, si se quiere que empiecen a cantar».[1] Encaminarse hacia la luz, atravesar la noche para desvelar y desarticular su oscuridad más mundana; encontrar vestigios del alba primigenia y tocarla con nuestras manos callosas, aunque sea muy levemente.

Como diría Edgar Morin, o incluso Adorno, no podemos librarnos de proyectar nuestro ecosistema sobre lo que vemos. Nuestro conocimiento no será jamás libre. O solo podrá levemente serlo si, como Ícaro, osamos acercarnos un poco más a lo inasible, aunque ello implique volar hacia el fuego con alas de cera. Con el tiempo nos iremos dando cuenta de que solo sin la intervención directa del instrumento más preciado que tenemos, la razón, es posible un retorno anhelado a un saber originario que nos libere; ese encuentro tan deseado, por fugaz que sea, con la verdad.

A veces recurrimos a otros medios que nos ayuden a redescubrir lo que hemos olvidado por culpa de la conciencia: el arte, la naturaleza, la música, el amor, el sexo, la danza. Sin embargo, es el vivir, en todas sus formas más vulgares y cotidianas, lo único que nos lleva, no a descubrir el mundo, sino al redescubrimiento del origen: eso que llamamos alma, «vibración de la profundidad».[2]

Inventamos y volvemos a inventar un orden social, una moral, una visión ética que garantice, razonablemente, nuestro bienestar. Mas la razón nos lleva a un callejón sin salida. Imposible reconciliar la diferencia, imposible encontrarnos; imposible tocar la realidad para entenderla. Imposible acabar de una vez por todas con la violencia y la crueldad que discurre, siglo tras siglo, como un río sin fin.

Entre lo que somos capaces de hacer y lo que no somos capaces de evitar hay un gran abismo que no es otra cosa que la vida en la Tierra; la vida social, nuestro día a día, la cotidianidad en este mundo, que es quizá la dimensión de lo humano menos «conquistable», más lejos de nuestro alcance. Así que, la vida humana en nuestro planeta es una exploración abisal, abarrotada de exploraciones abisales de otros seres como nosotros y diferentes a nosotros que, a codazos, tratan de abrirse paso en la inmensidad del mundo, para encontrar o regalarse el instante menos fugaz.

La vida cotidiana es fortuita y hay quienes tienen que rodar cada mañana como una calabaza para amanecer recordando que aún hay vida.

Todas trajeron una flor en la mano con la que envolvían una moneda. Habitaban una tela solitaria, sin bolsillos. Llevaban colores para brillar en la hora del alba blanca. Todas depositaron una flor en la alfombra que recogía sueños rendidos al pensamiento. Descansaron sus caderas en almohadas imaginadas junto a otros pies descalzos que respetaban el momento sin ensuciar el dibujo de la tarde.

Nadie sabría qué es cada flor, nadie imaginaría qué envuelve cada moneda ni qué quieren las manos. Es fácil ver el recorrido de las miradas sin arrancar una sola palabra a ese momento. Mirar y desear que florezca algo de una vez por todas, sin pedir permiso, en el impúdico jardín colectivo. Que el papel sea dinero, algo más que papel pintado. Que los dedos atrapen todo lo imaginado. Por una vez, por una sola vez, que todo sea metal, de ese que corta con golpe seco la miseria.

9

Quédese todo como está. Lamentemos al menos por un día el sufrimiento ajeno; tengamos, incluso durante una semana entera, el rostro taciturno, compasivo y culpable. Mas quédese ese precioso barco anclado en nuestra foto. Que nada rompa nuestro *selfie* perfecto. Que la belleza aleje pensamientos mal avenidos. Húndase el mundo por sus márgenes. Acábese el mundo, pero que alguien preserve esta estampa para mí, con su severa calma que no durará.

Ese es el brutal deseo que nos acosa. La belleza perfecta es un paisaje individual que nunca puede ser compartido. El otoño se anuncia con su imperio de fragmentos. El otoño, que ya ha viajado a lugares exóticos, vuelve aquí. Siempre vendrá, hasta que triunfe con su única misión jamás satisfecha de desnudar la cobardía. Nuestra ceguera es un deseo. Nuestro deseo, un olvido.

Sin la costumbre que aplaca los corazones no seríamos más que arena voladora, de un lado a otro del planeta. Mas no queremos ser calima, ni mucho menos roca; aquella piedra que una vez eligió su hogar en alguna playa, sin saber que los caprichos inexorables del mar pondrían a prueba su paciencia.

10

«No ha vivido más años el que tiene más edad, sino el que más ha sentido la vida».[1] Hay muchas formas de sentir la vida. Que las personas sientan mucho la vida no es solo una cuestión de intensidad. Se trata ante todo de que las circunstancias dejen lugar en la vida para poder sentir «bien». Se puede sentir mucho la vida, pero sentirla mal, sentir el sufrimiento que provoca y que elimina toda posibilidad de poder acercarse al saber sobre el origen que, consciente o inconscientemente, buscamos.

La angustia del ser humano por saberse mortal, finito —un saber que se agrava porque se extiende a todo lo que ama— al mismo tiempo que es consciente de la infinitud inabarcable y abrumadoramente material de lo que lo rodea, no hallará nunca reposo con conceptos que traten de poner coto a la condición permanentemente huidiza del mundo. La impotencia crece a medida que somos conscientes de la vastedad del mundo y de la incertidumbre.

¿No sería más sabio tratar de conocer de cerca lo elusivo, acercarnos a lo minúsculo, a la dimensión mutante e imperceptible de la vida en el mundo, de la vida en todas sus manifestaciones, y también la vida social? ¿No sería menos aterrador dejar a un lado nuestra or-

ganización mental con la que tratamos de parcelar, fú-
tilmente, lo inabarcable? ¿No sería más sabio sentirnos
parte de un todo, disfrutar la noche y el día desde las
entrañas de un profundo entramado de infinitas interacciones del que somos parte?

11

Una noticia en algún periódico: Egipto ha sacado sus momias en procesión y las lleva en comitiva triunfal hacia el gran museo. Un desfile de faraones desnudos de carne, bajo una piel que ya no duerme más. Un viaje grandioso, tras más de cuatro mil años. Y ni siquiera nos podrán mostrar lo que saben de la muerte.

Viajar dormidos, dormir viajando, en procesión. Siempre viajando, siempre durmiendo. Aún revestidos de esplendor, símbolos de todo lo que ha sido grande, una civilización entera, ahora expuesta en tumbas móviles a un pueblo vigilante y orgulloso, admirador de sí mismo, de su historia. Destino: museo de museos. ¿Cuál es el verdadero poder de los símbolos? Al fin y al cabo, no son más que momias. Amasijo de vendas y huesos, despojados de todo rasgo carnal que las hizo singulares. ¿Podrías diferenciar una momia de otra? ¿Y si la momia que adoráis hubiese sido intercambiada con otra?

Otra noticia: una momia embarazada, el feto había pasado desapercibido pues por culpa del tiempo yacía sin huesos aún dentro del vientre de su madre. Ni los huesos nos hacen perpetuos. Llega un momento en que el tiempo, que nos guía en la vida y en la muerte, también nos borra de la categoría de muertos. Pasamos de ser sujeto a objeto: momia, esqueleto, ceniza, cráneo o un ataúd sin casi nada dentro; poco más. Así que, no lo olvidéis: ser un muerto es un regalo que podría sernos arrebatado en cualquier momento.

No es solo un viaje de muertos, una estampa de momias. Han pasado demasiados años. Podría ser, como para las momias, que nuestra condición de muertos fuese solo algo circunstancial, que dejásemos de serlo para convertirnos en objetos. Algo que exponer o intercambiar; símbolos de algo que nunca habríamos sospechado: imperios, revoluciones, traiciones, conquistas, o nada. Lo irónico es que da igual, ¡qué más da! ¿Te gustaría ser observada u observado como un objeto en un museo? El derecho a la desintegración, y a reencontrarnos con el cosmos en la disolución de la noche perpetua para quedarnos, debería estar incluido en la Declaración Universal.

Permanecer invisibles en nuestra eternidad, una vez desintegrada nuestra propia singularidad mundana. Dormir, dormir nuestro sueño. Me compadezco de aquellas momias que alguien sacó de su tumba para llevarlas de nuevo a las calles. Nos pasamos la vida buscando visibilidad y reconocimiento en el mundo. Mas después, los muertos desean que les dejen tranquilos. Permanecer en la invisibilidad de la penumbra de otros mundos es un derecho difuso, mas, como tal, puede ser explicado y reclamado.

Faraones, hijos de faraones, faraonas y otros muertos sin nombre. Estampas de cuerpos tirados en la calle, abrasados por las bombas. ¿Momificaremos a todos nuestros muertos? Habrá que construir un nuevo museo en el gran mundo. En nuestra época los muertos ya no son lo que eran, sino lo que otros desean desde su propio presente. Si hubiesen sabido que ser escogidos en vida los privaría de ser muertos en paz y los condenaría a estar expuestos, a salir de su sueño eterno para habitar, por la fuerza, el sueño de otros. Si el no dormir hubiese estado escrito antes de la muerte. Jamás el gran museo, ni el gran Egipto, hubiesen sido destino escogido de faraones.

¿Qué importa ya? Nada. Pero es bueno pensarlo, nos hace verdaderamente mortales, humildes.

13

La mirada a menudo es impúdica. La obscenidad de los vivos se ceba con el amor y lo transforma. Una prueba del esmalte de los dientes permite determinar el sexo de los esqueletos. Los científicos acaban de descubrir que los famosos «Amantes de Módena», de hace mil seiscientos años, símbolo del amor eterno, no son un hombre y una mujer, sino dos hombres. Alguien despidió un día a dos seres queridos y selló su lápida. A salvo, al fin, del tamiz del tiempo, de la cultura y la moral. Amantes, amigos guerreros, hermanos de sangre, de alma, de cuerpo. ¡Qué osadía querer imponer nuestra visión del amor también sobre los muertos! A veces no es tan terrible la crueldad de la muerte como esa violencia con la que algunos proyectan su mirada sobre el amor puro.

Mientras el tiempo imponga su quehacer, nuestros huesos son lo único que nos trasciende. Dos milenios de muerte y descomposición de nuevo están resumidos en una estampa conmovedora, en donde la desnudez no tiene principio ni fin. Ni si quiera dos esqueletos cogidos de la mano están realmente libres del yugo de sonrisas perniciosas o llantos ajenos. Se les ha fugado el amor a las vergüenzas ajenas.

Nos queda la esperanza de que no es posible profanar el amor, de que el amor nos sobrevive. Nos deja su desabrigo ante el sesgo terrenal que observa entrañas y gestos óseos creyendo saber qué esconden. Quisiéramos hacer nuestro el amor, tantas veces catapultado en el instante de una mirada inquisitiva que no logra asirlo del todo. Mas es amor, amor, sin más.

14

El mundo se sabe primero y luego se conoce; y cuando se conoce, se explica con el pensamiento y el lenguaje, pero entonces se entiende menos. ¿Es posible explicar el saber, sin tener que esperar al conocimiento? ¿Qué distancia media entre la experiencia y la observación? ¿Podemos desplazar el foco de nuestras reflexiones sobre el saber del sujeto a la experiencia misma? Estos dilemas no son nuevos, se remontan a Aristóteles y al empirismo clásico de Locke y Hume; es con el idealismo alemán, Kant a la cabeza, cuando se plantea la duda sobre la posibilidad de conocer el mundo como realmente es. Pero el idealismo convierte la realidad en conciencia, y entonces la realidad desaparece; ese es su grave error, dice Ortega y Gasset, porque el ser humano existe en «un contorno de cosas».[1]

Comencemos entonces por el lenguaje, aliado y traidor, mas, al fin y al cabo, puente entre saber y conocimiento para acercarnos a las manifestaciones mutantes de las cosas, en donde podremos encontrar vestigios de algún significado relevante.

¿Y si el viento lo dice todo? ¿Y si, con su frío amanecer, me habla de ti? ¿Y si el viento se acomoda en el aire, más familiar, de lo que vivimos y de lo que solo se recuerda ya? ¿Y si se descuelga el sol para caer de plano en esta página y permitirme hablar de tu dolor y de mi miedo? ¿O de mi dolor y de tu miedo? ¿Y si el viento ya no viene a visitarnos más? ¿Y si una gaviota se arrastra por la arena para llegar a otro mundo donde volar no importa? ¿Y si el viento retumba y no habla?

II. Sudor y moscas

1

La perturbación de la vida, el ruido, la oscuridad contienen un existir independiente e instantáneo que escapa a todo proceso de verificación racional. La ciencia se ha afanado en excluir del ámbito de las verdades irrefutables todo aquello que parecía distraernos de las esencias demostrables del mundo. Incluso las ciencias humanas y sociales se han contagiado de este empeño, de la obsesión estructuradora y sistematizadora. Pero hay muchos aspectos de la cotidianidad que son indescriptibles e indescifrables con los criterios del objetivismo científico.

No es el ruido ni es la oscuridad lo que impide el movimiento ascendente y descendente de las gargantas. Es el hedor a pescado que atraviesa cada gota de sudor para quedarse. Para las criaturas que un día habitaron otro mundo, los cuerpos humanos son peces de todos los tiempos en el lugar de Nuncajamás.

La vida insiste en afirmarse rutinaria por encima de la hecatombe, para quienes creen que cada mañana les pertenece un poco más. Seguro que el manto de espuma dejó de ser blanco en alguna costa, al predecir la arena de los plásticos y la basura. Mas los monstruos marinos, con la faena diaria, están más cerca de poseer el alma humana. Algún día los pescadores serán suyos. Algún día no muy lejano, la playa y las mujeres serán una pradera de moscas verdes donde anidar recuerdos. Y entonces la Tierra habrá sucumbido a la soledad.

2

Hacer inteligible lo ininteligible del drama humano o
la crueldad, con el profundo convencimiento de que
para explicar la complejidad del mundo no es necesaria la reflexión; abandonarse sin remedio a los abismos
insondables y reparadores de la palabra que emerge
fugazmente de la vida misma, antes de la conciencia.[1]
Surcar esos dominios inexplicables como quien se echa
al mar sin saber a dónde arribará. Esa es la tarea.

Las moscas lo saben todo acerca de la debilidad de
los seres humanos. Saben que si la miseria azota demasiado fuerte acabarán sucumbiendo, se hundirán en la
suciedad de sus propios pasos. Es un festín, hay para
todas, da igual la hora, todo minuto es suyo. Ni siquiera la lluvia logra hacer un hueco en la arena: las moscas
deciden. Todos soñamos igual, en colores, pero los insectos pueden acapararnos, hacer que la esperanza no
sea más que una tabla vieja, hundida en un paraíso
varado. Hombres y mujeres que se echaron al mar y no
volvieron.

Pisotear el pescado podrido que un día se alimen-
tó de sus hijos náufragos es la trágica venganza de
los desgraciados. Hay también quienes no permitirán
que el paraíso se apodere de esta playa mientras quede algo de arena con que escribir el recuerdo de los

que se fueron a buscar algún presente a otro lugar, y se perdieron.

¿Es posible alcanzar y tocar la vida en general o solo la vida refleja? Es necesario conocer a los otros. Afirma Levinas, comentando a Husserl, que la empatía es «la intuición por la cual accedemos a la intersubjetividad», y que la percepción del cuerpo juega un papel fundamental.[2] Gracias a la intuición encontramos algo de la verdad sobre los otros que portan las moscas en sus minúsculas patitas. Las olas no saben nada de un cascarón roto que cede hasta lo más hondo y que, alejado de la mirada humana, permanece terriblemente recóndito para siempre. No cabe ningún corazón intruso en el abismo de la muerte. Ninguna sonrisa piadosa ni cómplice podría aliviar la carga de quienes intentan sobrevivir más allá de esta vida. Cada minuto del día, cada mañana, cuentan para encontrar el *significado* de lo vivido.

3

En «*Construir, habitar, pensar*» Heidegger dice que construir tiene como meta habitar o hacer habitable. ¿En qué se basa la habitabilidad del mundo? ¿Cómo construirla, qué materiales utilizar? ¿Nos sirven la palabra, el lenguaje, para articular un relato que haga más habitable el mundo? Empecemos por nombrarlo con la sutileza y profundidad que se requiere.

No hay una sola definición de «armonía», pero, al menos, esta palabra lleva implícito un significado sobre la posibilidad de una buena convivencia o de una mayor habitabilidad del mundo, para un mayor número de personas y de otros seres vivos. Partimos del hecho de que armonía es lo contrario a todos los elementos de la distopía: guerra, violencia, destrucción, represión, discriminación, etcétera. Mas hay que formularse otra pregunta también: ¿puede haber armonía en una sociedad tiránica y represiva? La respuesta es que sí, aunque no será nunca una armonía cohesionadora de lo social y propiciadora del bienestar para una mayoría. Será una armonía fracturada, incontables manifestaciones cotidianas de ínfima libertad pugnarán por imponerse, minuto a minuto, sobre la muerte y la represión.

4

Explorar el ámbito de lo inabarcable de la experiencia entraña un dilema conceptual enraizado en las dimensiones más mundanas de la existencia. Y si, además, nuestro propósito es encontrar algunas pautas o conceptos que nos acerquen a los entresijos del mundo para tratar de acotar el sufrimiento, nos veremos irremediablemente abocados y abocadas a aceptar que somos insignificantes, que nuestros instrumentos son muy limitados e inadecuados.

El mundo ordenado de las dicotomías sirve para ubicarnos —o eso pensamos— aunque sea en una dialéctica de carácter coercitivo, como aduce Adorno.[1] Un mundo ordenado solo proporciona alivio pasajero pues, paradójicamente, los conceptos y las explicaciones ordenadas son lo que más nos aleja de alcanzar el «saber». Frente al conocimiento abstracto de una *ratio* que organiza, estructura y resume la vida y, en concreto, la vida social, para hacerla parcialmente comprensible, otras formas de saber podrían proporcionarnos alguna pequeña satisfacción. O al menos, aliviaría, la búsqueda sin fin por hallar algún remedio contra los absolutismos y conformismos que nos tiranizan.

No es tarea fácil destapar y neutralizar los complejos mecanismos con los que se cavan innumerables pozos de dolor en cada rincón del planeta. Mas algo hay que hacer para que el único mundo que conocemos sea lo más parecido posible a lo que habríamos imaginado y deseado antes de ver por primera vez el amanecer cósmico. Transcender el instante observado para encontrar, con la intuición, algo de la existencia de los otros en nosotros que nos oriente.

En la esfera global, los objetivos de desarrollo sostenible proveen algunos anclajes para las agendas internacionales. Infinidad de políticas y normativas marcan las sendas más aceptables con que acercarnos a una idea mayoritaria de justicia. ¿Es esto un logro heroico? ¿O solo un intento fútil por acotar el abismo o parcelarlo, para poder distribuir más equitativamente el grado de ansiedad y frustración que produce saberlo inabarcable e irreparable?

5

Cualquiera que sienta o haya sentido la huella de la discriminación, suya o de otras personas, habrá tenido alguna vez la sensación frustrante de estar dando vueltas y vueltas sobre lo mismo, sin poder encontrar un remedio definitivo. Por más que hablemos, por más que reflexionemos, por más resoluciones internacionales que se aprueben, la discriminación y sus trágicas consecuencias para millones de personas siguen perpetuándose, camaleónicamente, como en un ciclo sin fin que perversamente se reinventa a sí mismo.

El paisaje no está hecho para el caos insistente de la crueldad que va minando, en silencio, el blanco de los ojos. Lamentar la desgracia ajena y derramar lágrimas es un acto noble, pero cuando nadie nos pide nuestra compasión ni nos invita a una orgía de emociones, las lágrimas son tan solo una señal más de la distancia que nos separa de otros seres humanos. Lloremos cuando la dignidad humana se tambalee ante el aire pestilente y la violencia. No dejemos de llorar. Al menos. Escribiremos así la historia, la que nos inscribe en otro presente de otro alguien.

El análisis de lo empírico, por profundo y sofisticado que sea, termina siempre en un punto de inflexión en donde la diferencia, la singularidad son irreconciliables con la unidad. Nos queda entonces el deseo de buscar otras vías; tratar de construir un puente entre «saber» y conocimiento, intuición y reflexión. Empecemos por explorar la palabra como instrumento que nos permita transcender la cosa, entender otros significados más allá de la observación.

¿Y si el verbo fuese puente por donde transitar para encontrarnos en la noche?

6

Busquemos un camino que nos conduzca a una mejor comprensión de la complejidad infinita de la experiencia para poder remediar, o al menos paliar, sus incoherencias. La tarea es tan inmensa que habría que transformar de raíz el ámbito del lenguaje para comprender y explicar aquello que no podemos sistematizar con la *palabra adecuada*. El lenguaje metafórico, la *palabra exacta*, podría tal vez ayudarnos. La metáfora es puente que puede llevarnos del silencio de la conciencia a la expresión más viva de la existencia; o del bullicio insoportable, a un vacío pleno de significado con el que construir esperanza.

No nos sujetará más la tierra si miramos de perfil los tanques, las bombas, y las otras guerras. La de las niñas que alzan su sonrisa por encima de la miseria y abrazan un aire que jamás será suyo. La de aquel pordiosero que atravesó un océano de coches para salvar de morir aplastada a una sucia paloma, gris y estúpida, que cruzaba la calle en plena hora punta.

La infinitud está contenida en un instante de ternura de donde emerge la vida y se transciende a sí misma con fuerza transformadora. Sí, es cierto: un acto de violencia puede barrer toda posibilidad de transcendencia. Un golpe seco y brutal. Muerte. Mas en algún lugar hay otra niña que sonríe y otro hombre que arriesga su vida por un vulgar pájaro. La cuidad mugrienta, repleta de imágenes insignificantes, rompe el polvo de destrucción, y su irrelevancia reescribe en mil pedazos el brillo del momento, en algún lugar de alguna calle.

Queremos que el discurso nos lleve a actuar, y que la acción se haga puente. Y el puente palabra, y la palabra, vida. Mas ¿cómo dar forma a las acciones a través de un lenguaje que se sabe impotente para resolver el mundo? Comencemos al menos. Iniciemos la aventura de acercarnos lo más posible al instante, de aprehender algo de la experiencia con la intuición reinventada para, al fin, poder nombrarla.

7

No tenemos tiempo de cambiar el lenguaje de raíz; ni siquiera de cuestionar el lenguaje utilitarista que predomina en los círculos de poder y en las instituciones al servicio de intereses sesgados y, también, de buenas políticas. No tenemos tiempo. El dolor se rige por las leyes de la urgencia. El sufrimiento sin fin es infinitamente concreto, tiene nombres y apellidos. No tenemos tiempo de inventar otro lenguaje, pero podemos construir un puente que conecte la palabra con la exactitud huidiza del instante, de lo cotidiano, y que la haga audible, comprensible y útil.

Transformar el lenguaje tendría efectos profundos en nuestras vidas, significaría cambiar el discurso y su universo conceptual, la narrativa que da sentido a lo que somos o creemos ser y hacer. Y es que el lenguaje tiene profundas raíces en la cultura, en las vivencias, en la piel; en todo aquello que durante mucho tiempo ha logrado contener nuestra angustia existencial e impotencia, o nuestra ignorancia, ofreciendo explicaciones consoladoras sobre los ajustes y desajustes del mundo. Y, sin embargo, la historia de la humanidad se repite: los mismos errores. ¿Qué hacer? ¿Qué decir?

En Occidente, resulta difícil cambiar la concepción de que la palabra, el *logos*, articula el pensamiento y el juicio para representar fielmente la realidad. Hay un amplio consenso sobre cómo la «palabra adecuada», el discurso deductivo, a base de categorías y conceptos, puede articular la única explicación legítima del mundo. Sin embargo, sin negar la validez del pensamiento racional y la utilidad de su instrumento por excelencia, hay otras dimensiones de la realidad que se rebelan contra todo intento de explicación lógica. Hay cosas que se reescriben a sí mismas hasta el infinito; realidades que se manifiestan en diferentes niveles de la realidad, en interacciones y episodios efímeros. Solo sabremos levemente qué ha ocurrido, y quizá podamos acercarnos a algunas significaciones relevantes que de otro modo se nos escapan, si interviene la «palabra exacta» y actúa, como querría André Bretón, creando «vasos comunicantes» entre los diferentes planos de la realidad.[1] Saber no es un acto lineal porque el sujeto está dentro del objeto y es también el texto del mundo.

8

Nos quedan las ballenas y los baobabs. Y las mujeres con su esplendor que reverbera para recordarnos que las gargantas jamás se callan del todo; ni tampoco se acostumbran a gritar, a no ser que con ello las llanuras se extiendan y se dobleguen como alfombras bajo su lento caminar.

Cuando veamos sonreír hasta las pulgas, habrá que preguntarse por qué hay tanto talento desperdiciado, arrumbado en las cocinas, obligado a ocultar su lado más rosado. Si solo es cuestión de tender la ropa en las azoteas y dejar que la brisa meza las almas suavemente y moldee nuevas formas de vuelo. Si solo se trata de no interrumpir el dulzor que la ropa blanquísima desprende cuando alguien la habita. Si solo es cuestión de amansar un poco aquellos crueles corazones que impiden aletear al pensamiento y no dejan que esparza sus destellos en las nubes del aire.

¿Cómo indagar en la brisa sin un pensamiento alado?

9

El estoicismo es una muestra de imbatibilidad frente a lo inefable y, según María Zambrano, es lo único admirable de esta forma de ver la vida. El alma humana se resiste a elegir entre sucumbir a la religión o claudicar ante la nada y el silencio. Mas el estoicismo mata la emoción, eliminando el desgarro, anulando la pasión, que deja de rugir y de ponerse en pie una y otra vez. Y el sujeto que piensa se siente pobre de espíritu, impotente ante las llamaradas de los días que van pasando.

Se dice que las personas acaban acostumbrándose a todo. No es cierto. La humillación jamás vence, ni tampoco la falta de libertad tiene cabida en el corazón humano. Ya lo dijo Espinosa, el orden natural de las cosas es la aspiración hacia la libertad.[1] Es como si hubiésemos nacido ya conociendo qué garantiza la vida humana y qué hace que merezca la pena. Mas nos falta vivirla y sentirla «en» —no solo «con»— los demás seres que, como nosotros, también nacieron.

10

La tarea que tenemos por delante no es explicar definitivamente el mundo, sino comprender al menos cómo hacer que los lugares más habitables se extiendan y quepan en ellos más personas y más seres. Pero solo podremos acercarnos a esta tarea tras haber logrado aproximarnos un poco más a saber, a percibir cómo son realmente esos lugares. De momento, contamos con una herramienta: la *palabra exacta*, el lenguaje metafórico, que nos llevará por algunos paisajes anhelados e imaginados, en donde captar atisbos de lo elusivo; acercarnos levemente a lo intangible para apenas rozar algunas verdades del mundo. La palabra es comienzo, no fin.

La «palabra exacta» no puede ser instrumentalizada por el pensamiento, así que tendremos que conformarnos con un discurso y unos conceptos que nos acaricien y nos permitan cruzar el abismo de lo inabarcable con espíritu renovado y ligero. El objetivo no es regresar al mundo explicable tal y como lo conocemos, pues sabemos que esto solo nos conduce a una existencia circular: siempre dando vueltas y vueltas para llegar a los mismos errores, a un punto sin retorno. Nos queda, entonces, el consuelo de aceptar nuestra limitación y emprender una aventura reflexiva diferente sabiendo, desde el comienzo, que es una causa incompleta, irrealizable en su totalidad. Lanzarnos a la búsqueda de significados y significaciones relevantes que jamás hemos encontrado antes por culpa de nuestro empeño en pensar el mundo de forma limitante y miope; de creer que el mundo es una objetividad. Y el mundo «rebosa correlaciones», interacciones que pueden ser enormemente relevantes y pasan desapercibidas.[1] Nuestro empeño debería ser otro: encontrar información significativa, esos instantes reveladores que aparecen y desaparecen en la complejísima red interrelacional de la que somos parte.

Rodeémonos de mar en una barca solitaria que, mientras avanza, es capaz de extender una calma que está en peligro por la tormenta que acecha. Las expectativas frustradas, la traición. A veces ocurre un choque entre la verdad del momento y la inexorabilidad de aquello que se ha imaginado. Puede ser una lucha encarnizada que se extiende indefinidamente con larguísima sombra y nos toma la delantera. Entonces, la ocasión y el momento no serán más que un encuentro impostor con aquello que nos separa de lo que esperamos o imaginamos.

No es que la realidad sea fugaz ni diferente del deseo, es que nos podría alcanzar una terrible certeza acerca de lo que jamás será. Por tanto, nos dejaremos acariciar por una lengua invisible que seguirá devorando nuestra vida cotidiana, envolviéndonos con sus tentáculos de pulpo gigante en su incesante empeño de retenernos. Lo trágico es no saber, no entender que la fuerza para soñar solo puede liberarnos si aceptamos las heridas del brutal encuentro y estamos en disposición de dejarnos devorar por el monstruo marino. Mas nos abocamos a creer que nunca se hará real el idilio de esa criatura que nos acecha.

Incluso en la lógica matemática, Gödel explicó que ningún axioma podría demostrar todas las verdades y ninguna falsedad. Hay algo que es siempre indecible con el lenguaje formalista; una barrera infranqueable para la capacidad de conocimiento del ser humano, para todas las facultades sensibles, incluso la mente. Entonces, de esa brecha en el conocimiento nace el lenguaje metafórico como metalenguaje sobre el vacío; porque la palabra es el único invento capaz de llenar un poco el vacío de la lógica.

Nos queda una invitación a pensar sobre nuestra capacidad de pensar creando.

III. Temblor de una pestaña

1

Un dilema, una pregunta nos acosa: ¿cuán profundo es el abismo entre percibir, conocer, saber, decir, crear, reparar? Una terrible contradicción separa todos estos conceptos, porque su arraigo es la realidad; un dominio donde el lenguaje acaba siempre traicionándonos. Los lenguajes que inventamos, una y otra vez, nos ocultan sus límites para explicar la vida, para abarcar su complejidad y, de una vez por todas, ponerse al servicio de nuestros objetivos más nobles. Buscamos esencias, pensamos sistemas, armamos estructuras ficticias que acoten algo que, en realidad, es abierto, incompleto, vacío y rebosante. Tal vez tendríamos que plantearnos de nuevo si no es más preciso un discurso alado, ligero de equipaje, que pueda expresar la apertura e incompletud de todos los entes y realidades que tenemos como referencia. Algo de razón tenía ya en el siglo II, Nagarjuna, un poeta de la tradición budista:

> Todas las entidades, objetos y conceptos, incluidos factores de la existencia, como el espacio y el tiempo, carecen de naturaleza propia, es decir, son vacíos. Los entes, sean del tipo que sean (dioses, personas, plantas, piedras, gusanos, ideas, emociones, palabras) son realidades abiertas e incompletas. Considerando que

todas las cosas son vacías, el pensamiento o discurso que pone de manifiesto dicha consideración será igualmente vacío.[1]

Políticas, acciones guiadas por la «palabra adecuada» y sus aliadas la razón y la objetividad, no son ni serán suficientes. No lograremos jamás captar el leve movimiento de una pestaña que tiembla de miedo o de júbilo en algún rincón del mundo; ni la invisible cicatriz que esconde un corazón —injusta o cruelmente— dañado.

Y si no somos capaces de captar la levedad de lo sutil, lo *inesencial relevante*, nos toparemos una y otra vez con el *límite*; no podremos vislumbrar, ni tan siquiera para organizar de manera imperfecta la vida social, la tenacidad con que el ser humano ejerce su libertad, a pesar de todo.

2

La reparación del dolor que la vida social engendra y perpetúa, a veces, aun a pesar de nuestros constantes intentos por ordenarla y por contener sus desajustes, solo puede ser parcial. Millones de mujeres, de seres humanos se ven abocados a vivir vidas muy limitadas de bienestar, o a morir sin haber alcanzado un solo instante de esperanza y felicidad. Su voz y su grito están condenados a ser palabra inaudible, cuerpo mudo, expresión inerte.

Nuestro tiempo cree fervientemente en el relato lineal, en la explicación con la «palabra adecuada» y destierra todo lo que nos aleje de una falsa sensación de control y de estructura. Mas, por su magnitud y complejidad, los dramas humanos no se remedian con marcos narrativos y analíticos, ni tan si quiera pueden explicarse. La «palabra adecuada» nos inmoviliza. El final de su relato es estático, mientras que el mundo está en permanente movimiento.

El mundo se reinventa día a día, con cada despertar y cada acto de bostezo de sus habitantes; la «palabra adecuada» nos impide captar su inteligibilidad. Robert Sokolowski define la inteligibilidad como fuente desde la que fluye la esencia o definición de las cosas y sus propiedades, y no la imagen mental preconcebida que tenemos de ellas.[1] Se borra así la distancia entre el sujeto que piensa y contempla el mundo. La idea de la percepción como un acto externo ha cambiado por completo en esta concepción de la inteligibilidad, abriendo un espacio de significado muy prometedor para tratar de explorar la sutileza con que se manifiestan las cosas, y cómo, de las interacciones, puede inesperadamente surgir información relevante y reveladora, por encima de prejuicios o de las ideas fijas que están en nuestra mente.

¡Dejemos que el mundo nos hable y nos asalte! Necesitamos aplicar instrumentos nuevos que nos permitan, al menos, conocer de cerca la levedad del instante en donde el mundo se reinventa incesantemente y nos sorprende.

¿Qué podemos hacer con la palabra para conocer el instante?

3

Baste afirmar, al menos, que debemos aceptar nuestra incapacidad y nuestra impotencia para saber; la inutilidad de nuestros instrumentos para resolver el mundo. Mucho antes de conocer y de explicar el mundo con la «palabra adecuada» hay que saberlo, eso es lo más difícil. La «palabra exacta» de la poesía, el arte o la música podrían ayudarnos en nuestro intento de aproximarnos a otros planos de la realidad; nuestro empeño por perseguir el saber acerca de cómo se manifiesta el instinto de vida de todos los seres que habitan la Tierra, en la infinita sucesión de instantes que componen su día a día. La vida se impone siempre, por encima de imposiciones de todo tipo que quieren amputarla, anularla, constreñirla. Se trata, simplemente, del dominio inquebrantable de la libertad—suprema—del vivir.

Sorprende cómo todas las manifestaciones más microscópicas de vida, todos los seres del planeta se afanan por sobrevivir y se resisten siempre a desaparecer. Aunque con la «palabra exacta» pudiésemos «saber» mejor la levedad con que ese instinto de vida se impone en el mundo, nunca sería suficiente. Construir nuevos contextos basados en el hecho revelador de que, en el instante fugaz, se halla alguna verdad que nos une, alguna verdad para que todos los corazones vivan satisfechos y en paz, no es tarea fácil. No obstante, aprender a percibir mejor lo que no podemos conocer con la *ratio*, al menos nos reubica más cerca de un sentir «bien» la vida social. Descubriríamos, sin duda, que, en la cercanía a lo ínfimo ajeno, al temblor de otra pestaña o a la imperceptible arruga de otro corazón está también nuestro propio alivio. Nos acercaríamos un poco a lo originario que nos une.

4

Instrumentalizar lo huidizo y la incertidumbre para extender nuestro saber acerca del mundo y poder habitarlo «bien» es muy difícil; y más aún en una época que desecha —por inútil— todo aquello que no es perceptible con la razón ni expresable con la «palabra adecuada», todo aquello que no es tangible u observable desde el exterior ni catalogable con sistemas y etiquetas. «Mas una cosa depende de otra para su diferencia».[1] Integrar este sabio mensaje del siglo II al orden social actual nos llevaría por otros derroteros mucho más alentadores con los que construir desde la unidad.

Los entramados políticos y estructurales de hoy en día tienden a ejercer control y poder a través de complejas redes socioculturales y económicas, armadas con discursos que se dicen a sí mismos, pero que nada dicen de lo que nos puede sorprender. Son relatos limitados por el universo significador de la «palabra adecuada». Mas la tarea pendiente es otra: se trata de instrumentalizar lo más nimio, lo más sencillo y elusivo de nuestro mundo, que proviene de las experiencias interactivas con los demás y con todo lo que nos rodea, y que requiere un primer ejercicio de agudizamiento de la percepción, dejando paso a la capacidad intuitiva de nuestra mente. Y es que lo mínimo, lo sencillo pueden contener el germen de algo que trastoque profundamente mandatos y estructuras que, sin darnos cuenta, nos dominan. Todo aquello que es desdeñado o ignorado puede contener una potencia liberadora de inteligibilidad acerca del mundo que aún ni si quiera se vislumbra.

Empecemos por aprender a rastrear mejor las huellas de lo imperceptible en lo cotidiano. Quizá, como aprendemos de la fenomenología, la clave está en los procesos, no en los objetos; en cómo se manifiestan las cosas. Y lo que nos interesa, la verdad que perseguimos, aunque instantánea y huidiza, tal vez esté en el rastro casi imperceptible que van dejando las cosas, las situaciones, las personas, los gestos que parecen irrelevantes en el contexto de las grandes causas y acontecimientos de lo mundano. ¿Cómo aprender a saberlo? ¿Cómo percibir la levedad significativa? ¿Cómo nombrarla?

5

«La posibilidad de cada singular nos ofrece una apertura sobre la esencia del mundo»; esto dice Wittgenstein en su *Tractatus logico-philosophicus.*[1] Saber lo minúsculo para poder conocer y conocerse, no al revés. Aunque no se trate de buscar esencias, sino «instantes de verdad» en el compendio inabarcable de contingencias e interacciones que es la existencia. Conociendo solo con la razón no se llega a lo singularísimo. Es más, el empeño por conocer y por ordenar el mundo con la «palabra adecuada», nos aleja permanentemente de la especificidad del mundo. El pensamiento racional no llega a explicarlo todo; y su aliada la ciencia, menos aún. Parece que se cerrasen una y otra vez las ventanas que abrimos con gran esfuerzo para ver desde múltiples ángulos la realidad que nos rodea.

Ocurre demasiado a menudo, incluso en círculos de pensamiento y acción con discursos muy elaborados: la magnitud de las tiranías es tan inmensa y compleja que se hace imposible vislumbrar o nombrar soluciones. Y es que el lenguaje que manejamos es impotente para resolver el mundo, en primer lugar, porque no sirve para captar y expresar lo que ocurre en muchos planos de la realidad en donde se dan micromanifestaciones de libertad y de rebeldía que solucionan los días cuando la vida se hace insoportable. La física contemporánea ha revolucionado nuestra manera de entender el mundo cuando pensábamos que su base era la materia sólida, la esencia de los objetos. Ahora sabemos que no es así, que el nivel más pequeño de nuestro mundo es un todo en donde diversas partículas están en constante y vertiginosa agitación, y en donde cada interacción da lugar a otra, y así sucesivamente, de manera completamente inesperada y caótica. ¿Por qué no somos capaces de extraer algunas lecciones de la ciencia, a la que tanto encumbramos, y de llevar sus descubrimientos al terreno de lo social? En cada comportamiento humano, en cada instancia de la vida social, ocurren innumerables interacciones que nos moldean y nos transforman. Mas no somos capaces de pensarnos —humildemente— como parte de un todo, en donde el devenir de nuestras acciones y de nuestra personalidad depende de todo lo demás. Nos sentimos unidireccionalmente —o cuanto menos, linealmente— interactivos. Como consecuencia, la perspectiva con que se abordan los problemas sociales puede ser miope y también, sorda al «aroma del tiempo».[2] Es decir, podemos quedarnos en el discurso sobre los marcos y no atender al detalle, a su música espontánea, al sonido que emanan los silencios entre nota y nota, compás y compás, colores y texturas. Y ocurre que, si alguna vez atendemos al detalle, es porque pensamos que la vida humana puede explicarse como un cuadro estático, con la lógica de la «palabra adecuada», que nos es tan familiar. Nada más alejado de la realidad, nada más inútil y frustrante.

6

¿Cómo adentrarse sin método ni estructura en las entrañas de un mundo que necesita, insaciablemente, explicaciones? ¿Cómo llegar a saber aquello que huye permanentemente de la *ratio*? ¿Cómo sortear y romper conceptos que la mente genera para instaurar el orden público, en nombre de la cordura, del «buen hacer», o de cualquier otra idea del orden social?

Resignarse a la fragilidad y a una «razón desvalida», desestructurada es lo primero.[1] Siglos y siglos de historia no han sido suficientes para lograrlo. Encontrarnos cara a cara con su vastedad puede ser un comienzo. Adoptar un lenguaje metafórico, la «palabra exacta» que nos permita sumergirnos en la exploración de la singularidad mutante del mundo, como frágiles criaturas que somos. Navegar los límites del propio lenguaje nos conducirá, al menos, un poco más cerca de las infinitas mutaciones del mundo. Sí, podríamos llegar a nombrar algunas de ellas que se nos manifestasen como reveladoras, portadoras de algunas claves útiles con las que construir consenso, unión, armonía, bienestar.

Los algoritmos piensan por nosotros tratando de adivinarnos. El pensamiento, advierten pensadores actuales como Slavoj Zizek, está hoy amenazado por nuevas formas de dominación a través de la interfazmáquina. Mas la libertad verdadera y básica del ser humano quizá no esté en el pensamiento, sino en lo que antecede a la conciencia y se hace palabra gracias a la metáfora. La inteligibilidad de las cosas no es algo externo a nosotros; lo difícil es adentrarnos en las cosas para ser «en» las cosas y que las cosas sean «en» nosotros, de modo que podamos percibir su complejidad vertiginosamente imprecisa y elusiva.

No habrá brújulas que nos guíen. Nos perderemos surcando el aire con nuestro ligero pensar y la «palabra alada». Quizá logremos instrumentalizar, algún día, nombres nuevos para referirnos a una verdad, mínima, que hoy nos parece mentira o silencio.

7

Los árboles se comunican entre ellos a través de las raíces, las ballenas lo hacen a miles de kilómetros por ondas sonoras, las hormigas a través de unas feromonas que perciben con sus antenas.[1] Sabemos que las criaturas hablan, pero no sabemos qué dicen.[2] Nuestra sordera ante la elocuencia del sonido y del silencio es profunda y difícilmente remediable. Es un efecto colateral de una violencia autoimpuesta: la gran censura histórica. Apartamos el silencio, eliminamos mensajes que ni siquiera nos interesa escuchar. Es violencia epistémica, síndrome de un sentido de la historia sordo y sesgado que nos devora; que destruye el silencio haciéndonos creer que en él no hay nada. Mas la historia del silencio, la vida histórica, están rebosantes de inagotable productividad, como diría Hans-Georg Gadamer.[3]

El espacio del silencio es político. No solo porque alberga todo lo que no es expresable bajo constricciones de los órdenes sociales y políticos, sino también porque simboliza la no-infalibilidad de tales órdenes, albergando las *rebeliones sigilosas*, que pueden portar semillas de revoluciones.[4] Lo que nos parece el vacío, la nada del silencio, están plenos, rebosantes de mensajes, sonidos, lenguajes a los que nunca hemos prestado atención. Es dramático aceptar esto: que hay innumerables mensajes jamás oídos.

Algo sabemos ya del mundo natural, al menos. En los últimos años han proliferado libros sobre las diversas formas de inteligencia animal y vegetal, que no hacen más que poner en evidencia la arrogancia e ignorancia del ser humano con respecto a lo que nos rodea. Viviane Despret destaca las interdependencias creativas del relato de la vida en todas sus formas:

> Las bacterias escriben sus proyectos en el cuerpo de sus huéspedes, las aves en las semillas de los frutos que transportan para propiciar otros encuentros, las abejas zánganos portan el relato de las flores en las que liban y las flores llevan a su vez, en forma de relatos integrados (aromas, colores y formas), los proyectos de las abejas.[5]

Eva Meijer va más allá y, en su fascinante libro, *Animales habladores*, explora diversas formas de empatía, compasión, y de comportamiento moral y político en diferentes especies animales, poniendo de manifiesto, una vez más —como ya hicieron en filosofía política algunos pensadores postestructuralistas a finales del siglo pasado— que no existe la excepcionalidad humana. Para lograr revertir las jerarquías que limitan nuestra capacidad de comunicación con los animales, y por qué no, nuestra interacción política con un sistema de comunicación más complejo con los animales es necesaria, según Meijer, una nueva forma de pensar en el lenguaje.[6]

Nos acostumbramos a las ausencias, al silencio, al olvido, a la noche, por donde viajar adaptándonos desde que nacemos a las tinieblas. Nos acomodamos a no entender, a no saber, a no ver ni escuchar aquello que no oímos y que nos hace pequeñas y pequeños. Mas lo peor es nuestra incapacidad para nombrar la lejanía, lo que hay en ella; nuestra sordera para escucharla con el cuidado y la atención que le corresponde como portadora de algunas claves que necesitamos para entender el mundo y, sobre todo, para repararlo.

8

Aún estamos imaginando puentes entre la interpretación y la explicación del silencio.[1] No hemos encontrado aquello que nos permitiría incorporar lo inasible y lo incierto como parte ineludible de la vida, y de la vida social; como parte de la solución a algunos problemas del mundo en que vivimos. Podríamos comenzar por incomodar a quienes tenemos al lado interpretando, leyendo el silencio como otro acto más de rebeldía. Una caída de alguien en un monte cualquiera no cambiará el mundo, aunque podría ser suficiente para trastocar profundamente un instante de ignorancia o transformar algún acomodo en un precioso momento de la historia aún por escribir.

Sísifo está siempre presente en las conversaciones sobre los derechos humanos y la igualdad de género. El fracaso está servido de antemano. La lucha por los derechos de las mujeres se parece a un eterno «volver a empezar», a un «mucho por hacer» que no tiene fin. Se quiere cambiar una injusticia y una violencia inusitadas y generalizadas contra las mujeres, utilizando los mismos instrumentos y el mismo lenguaje que afianzan ese (des)orden injusto del mundo. No es de extrañar la impotencia y frustración que esto genera.

El problema no es solo la magnitud de la montaña ni el peso que Sísifo lleva sobre sus hombros, sino también el empeño por transitar siempre por la misma ruta, sin percatarse de que cada piedra, cada hormiga, cada brote de hierba verde, cada leve soplo de brisa fresca que hay en el camino podría llevar a otras sendas. No es que no exista Ítaca al final del camino ni que no debamos soñar con llegar allí; es que nunca llegaremos a vislumbrar qué ofrece Ítaca si no aprendemos a saber, a percibir mejor las motas del aire que pueden mostrarnos nuevas rutas. A Ítaca se está siempre llegando. Cada leve instante de alivio o resiliencia, de cada ser humano en cualquier lugar, es Ítaca.

9

Voy a caerme cuando me tropiece. A tratar de levantarme cuando necesite hacerlo. Voy a trastocar cada minuto con mi inoportunidad, si resulta que me caigo. Ahí estará el sol flamante, para destacar mi impertinencia, esa sabiduría que me hace irresistible una vez más, insoportable otras veces. Estoy ahí, con todos los ojos del cuerpo abiertos, que son más de dos. Soy una momia que añoro lo que siento una vez muerta y veo lo que tú ni siquiera vislumbras cuando miras ese otro esqueleto. Vamos a dar un paseo. Vamos. Quiero caerme otra vez, ser un ente patas arriba, pies inertes que retan al cielo incapaces de poder hacer otra cosa que reinventar el camino, paso a paso, con los sueños. La ontología naturalista de un tiempo concreto e individual puede ser rebasada por la idealidad de los sueños, en donde todo es posible; y los sueños pueden ser monte, aquí o allí; un animalillo patas arriba mirando absorto al cielo, pues, ocurre, que se ha caído de espaldas.

Esa furia de horas atragantadas de entusiasmo no os deja dormir desde hace tiempo. Tampoco os deja caminar en paz por los senderos de la tarde. Demasiado acostumbrada a estar callada, la tarde, lejos de tu puerta; demasiado apaciguada, la tarde, tras la montaña. Si me da la gana me caigo, y aunque no me dé la gana, si me caigo, me caigo para que me veáis. Estáis en contra del horizonte porque quiere llevaros la contraria. Mas tenéis que aguantaros, tenéis que sostener los ratos que están por venir; que yo y muchas más criaturas queremos caernos. O no. Pero si nos caemos y le damos la espalda al sol es por algo.

10

No espero que nadie me ayude a levantarme. No lo tolero. Y es que me caigo porque quiero. Dejad que ese cazo lleno de arroz enmohezca. Dejad que mi rodilla izquierda reverdezca con costras de sangre. Quiero sentir el escozor de este nuevo día que es todo menos nuevo. ¿Te sorprende? Mi perra sabe lo que demando de ella y me enseña a caerme cuando me dé la gana. Gracias, le digo, y no quiero compasión ni ayuda.

El rojo, ese parásito trepador que brota de nuestros miembros en el momento más inesperado de la caída, te recuerda quién no eres. No os equivoquéis. Hace tiempo que no hacéis sangrar al monte con retazos de vuestros más preciados momentos de soledad. Algún que otro brusco encuentro con la tierra llegará, con sus pequeñas escarpias que pugnan por penetrar vuestra piel en busca del color de los colores.

La libertad del mundo es magenta; libertad frente a tu libertad. Creías que era al revés, pero necesitas el monte para escribirte e inscribirte en el mundo.

11

La verdad brota del mundo y vuelve al mundo en forma de gesto a través de lo instantáneo. Podemos hacer que ese instante perdure más en el tiempo —es lo que queremos, no nos engañemos— si comprendemos, si nos damos cuenta de que se trata de un estar-llegando, pero no de arribar. Ítaca, como destino final, no existe. Se trata de no contentarse solo con mirar hacia delante sino de mirar mejor las esencias del mundo, con más intensidad, profundidad y precisión. Se trata de saber apreciar aquellos instantes liberadores de lo mundano en lo mundano; en la singularidad de cada vida que brota de la relacionalidad histórica que la existencia alberga.

Para pensar en las arañas hay que rememorar algo de la historia nuestra. Puede entristecernos no poder hablar de lo ajeno con autoridad y distancia. Mas no es permanecer lejos lo que resulta doloroso, sino una incapacidad para nombrar la lejanía o la cercanía con el cuidado que les corresponde: sintiéndolas y sabiéndolas compartidas. Así que, nos queda incomodar a quien tenemos al lado. Caer en un acto fútil de rebeldía que no pretende arrastrar a nadie, ni cambiar el mundo, sino simplemente trastocar el instante en donde nos encontramos.

Ese preciso momento de libertad. Porque nos da la gana. ¿Verdad?

IV. Coged un pedazo de carne

1

Reconocéis que para entrar en otro mundo habéis tenido que parar todo, poner en pausa lo que arrecia nuestros días desde hace tiempo. Reconocéis que se trataba de emprender un viaje en solitario, sin abandonar vuestros referentes más íntimos. Reconocéis que se hace molesta la luz cuando no tenéis ganas de derrocharos en colores para crear refugios de calamar que sean solo vuestros.

Aquello que llamáis libertad puede no ser más que una insignificante rebeldía en el camino. Mas no desesperéis, vuestra rebeldía instantánea podría ser suficiente para convertir la dureza del día a día en una aventura; como si fueseis un palito flotante que se deja llevar y atraviesa grácilmente el océano en mitad de la tormenta. Sí, es un asunto ontológico que tiene mucho que ver con reescribiros.

La libertad nace siempre como superación de algo; es la capacidad de trascender con una emoción, un gesto o una actitud momentánea cualquier prisión, incluso aquellas que son invisibles o ideológicas y nos atrapan sin darnos cuenta.

2

Por mínima que nos parezca la singularidad de un instante, puede contener vestigios de libertad y rebeldía en donde se resuelve el mundo. Las emociones juegan un papel esencial para significar un gesto, un acto, en donde se nos rebelan los mensajes históricos, mundanos y singularísimos del mundo. ¿Cuál es el ámbito auténticamente libre de la libertad individual?

Creíais que la percepción había sido superada por la *ratio*. ¿Cómo es posible que en este ensayo se os esté proponiendo un retorno a la percepción intuitiva, una forma más básica y primaria de conocimiento? Lo difícil es dar un salto hacia atrás desde la observación. Pero la percepción que os propongo se nos olvidó antes de ser «verdaderamente» descubierta. Definámosla como: «el modo más original de experiencia humana, más fundamental que la imaginación, la memoria y el pensamiento».[1] Es superación de la pseudocultura que generan la tecnología y la ciencia con su falsa concepción de que solo puede ser verdadero aquello que es empíricamente comprobable y que se puede calcular.[2] Por tanto, sobre todo, es el primer paso a la libertad individual, y de ahí, a una acción colectivamente liberadora.

Volvemos a Adorno, pero para contradecirlo con el fin de poder ahondar sobre dónde queda la libertad individual cuando nos abandonamos y dejamos que el mundo nos asalte con su abrumadora presencia; con su instantaneidad contradictoria y complejísima llena de poesía.

3

La vida humana y lo social están más marcados por lo emocional de lo que nos gustaría admitir. Gran parte de lo que nos ocurre día a día tiene una naturaleza emocional profundamente enraizada en sensaciones o en lo que la neurociencia actual llama «afectos». Los afectos son algo así como corrientes energéticas que dan lugar a emociones y guían nuestras reacciones y actos cotidianos. Y, sin embargo, tenemos una marcada tendencia a mirar hacia otro lado; a ignorar los mensajes que nos transmiten nuestros propios afectos y emociones, y los de los demás. Algo de la verdad de nuestra existencia mundana, que es esencial, se nos está siempre escapando.

La reinvención cotidianísima y constante del mundo que se produce en el ámbito de las emociones y de los gestos que estas provocan puede parecernos tan insignificante desde fuera que la ignoramos. Mas no hay excusa para no querer aprender a apreciar mejor las múltiples y diversas manifestaciones con que el espíritu humano inventa alivio y felicidad; las múltiples formas en que se resuelve el sufrimiento. Tenemos mucho que aprender de las personas que habitan la precariedad y la violencia, porque instante a instante reinventan el mundo, su mundo y el de los suyos, para sobrevivir, por ejemplo, en el bálsamo de una sonrisa.

No hay ningún método descifrable con que escuchar lo que el ruido externo se afana por acallar. Cualquier método es contraproducente para navegar lo insondable, porque el método garantiza que sigamos imitando a Sísifo y nos obcequemos con que Ítaca está al final del camino. El método es la rueda de la historia y la Fortuna, con sus desdichas, que sigue dando vueltas sobre su propio eje, siglo tras siglo.

4

Lo general, la coincidencia superficial, nos tranquiliza porque en ella hallamos un asidero frente al caos inabarcable de lo singular y de lo contingente. Y, sin embargo, perdemos la oportunidad de anclarnos en la vida con la sensación de unidad con otros seres como nosotros y diferentes a nosotros. Excluimos permanentemente la ambigüedad de lo cotidiano, lo instantáneo y lo minúsculo, sin comprender que es inabarcablemente rico. Innumerables cosas que ocurren en la vida social se quedan también olvidadas, invisibles, postradas en los márgenes para siempre. ¡Qué terrible derroche!

Podría ser que, precisamente allí, se produjese y se expresase la verdad que buscamos; la verdad concreta de la vida que cambie el rumbo de alguna historia. Podría ser precisamente ahí donde se dijese la supervivencia en su expresión más auténtica y relevante, aunque pasajera. Podría ser allí donde se desdijese, al fin, todo aquello que limita nuestra humanidad y nos condena a repetir los mismos errores.

Pensar el aire no es suficiente. ¿Cómo apreciar la singularidad que es generada por aquello que queremos cambiar?

En ocasiones, la falta de visión, la miopía, pueden ser muy útiles. Desdibujar la superficie del mundo nos puede permitir acercarnos un poco más a aquello que buscamos en el ámbito de su naturaleza desordenada y fugaz. Adentrarnos en la superficie inaprehensible y difuminada del mundo, nos ayudará a percibir sensaciones en donde se significa la libertad y la rebeldía en toda su singularidad, frente a constricciones externas en lo social. Hay un aspecto peligroso de todo esto: se puede confundir la libertad individual con el liberalismo más cruel y egoísta. Sin embargo, aprehender algo de lo que ocurre en las dimensiones mutantes del mundo solo es posible sin el estorbo de una noción de subjetividad limitante, constreñida por la razón que se afana en justificar lo injustificable.

Apartemos el estorbo de contornos y figuras. Dejemos que la materialidad del mundo nos encuentre, sin un solo pensamiento que nos salve. El viaje a la percepción, a la singularidad de los otros que habitan con nosotros el mundo, puede ser muy revelador, también, sobre nuestra propia subjetividad. Somos agentes de verdad, así que, la definición de lo que nos rodea y la autopercepción son procesos interdependientes.

6

Sobrevivir es habitar diversas e infinitas formas de existir en un mundo propio y ajeno al mismo tiempo. Hay quienes, parafraseando a Heidegger, distinguen entre habitar y existir. Lo primero es una versión cuidadosa de la existencia mundana; lo segundo, una cuestión meramente existencial. Mèlich traslada esto al mundo actual para poner el acento en la dificultad que «habitar» entraña. Habitar el desarraigo y la fragilidad es el difícil aprendizaje, la tarea pendiente; dejar de aferrarnos al mundo como casa y aceptar su inestabilidad e imprevisibilidad.[1]

Tales de Mileto creía que la parte terrestre del mundo estaba apoyada sobre un inmenso mar subyacente.[2] Esa misma inestabilidad, esos insondables abismos del mundo y de la existencia humana encuentran su máxima expresión social en los pequeños gestos; su máxima expresión de ser, en las motas que sobrevuelan a nuestro alrededor. Vivir en una inmensa balsa de tierra significa aceptar el movimiento, incluso el movimiento de lo minúsculo, sin tratar de ocultarlo ni contenerlo. Habitar el mundo es navegar sintiendo el mecer de las olas, teniendo como brújula al aire que nos hace cosquillas en la nariz.

7

Se ha escrito mucho acerca de la sobrevaloración del sentido de la vista en las culturas occidentales, y de cómo esta nos ha llevado, paradójicamente, a una ceguera ante lo que nos rodea y ante la riqueza de nuestra propia experiencia del mundo. En Occidente, en el siglo XVII, perdimos la capacidad de apreciar la transmisión de sensaciones más allá del ámbito de lo visible. Se feminizó y, por ende, se depreció todo lo que perteneciese a otros sentidos más allá de la vista. El Siglo de las Luces dio el golpe definitivo y, en el siglo XIX, la vista se impuso como el sentido por excelencia. La vista, como vehículo indiscutible de la observación empírica, llega hasta hoy, en que, quizá más que nunca, la imagen, y con ella el sentido de la vista, son casi el único medio de acercamiento a lo que realmente importa.

Nos hemos acomodado a la navegación virtual por el mundo digital; hemos logrado una sensación de comodidad, un vivir encontrando nuevos mundos con los ojos, casi sin esfuerzo. Y, sin embargo, pasamos de puntillas por el viaje, sin percatarnos de cíclopes y sirenas; simplemente saludando y agitando la mano en un sencillo «adiós, hasta luego», que en realidad es un «hasta siempre». No recordamos lo que vimos por el camino; caras, pequeños gestos que podrían haber llegado a conmovernos tan levemente. No recordamos el sentir de la brisa marina con el sol aplastando ligeramente nuestras ropas contra la piel, ni el fugaz reflejo de la luz en otros ojos que coincidieron con los nuestros en aquel mismo instante de aquel mismo sol de primavera.

8

Viajamos sin movimiento, navegamos sin aire a través de las pantallas de nuestros aparatos eléctricos. Construimos barcos y navíos, estructuras, gramáticas, sistemas que nos impiden viajar, y nos acomodamos a ellos con la resignación de una derrota placentera. No es extraño que nos guste navegar sin hacerlo: no requiere esfuerzo y sentimos que atravesamos poderosos el espacio y el tiempo insondables, deteniéndonos cuando nos place. Avanzamos contemplando sin sobresalto sombras de figuras que no importan. Nos hemos condenado, con gusto, a la caverna. Mas Platón nos advirtió que desde allí no veremos nunca el mundo.

Un pensamiento altamente pegajoso puede ser causa de nuestras obsesiones. ¿Cómo borrarlo antes de que nos diluyamos en la pantalla? No sé si es antes la realidad, con su aliada la memoria insistente y agazapada, o una palabra que quiere sacarla de su rincón y abanderarla a media asta para que todos la miren y la sepan.

9

El silencio me lleva a ti, que no estás en la imagen. Me trae pájaros redondos que hablan del invierno en bandeja de sol. Diluyes los sonidos para decirte en nuevos hálitos de vida. La poesía podría hablarnos de la primavera y del amor, podría acompañarnos, ser nuestra hermana; podría atravesar con nosotros el día que amanece como un día más sin serlo. Podría recordarnos qué siente un cuerpo tumbado bajo el sol. Pero no viene. No quiere contemplarnos. Se esconde, se protege de nuestro aliento ansioso de su compañía. Tanto anhelo es síntoma de que nos hemos resignado a no tenerla cerca.

La realidad es tan terriblemente prosaica y monótona con su goteo de muertes que anula cualquier asomo poético. Solo es posible reflexionar sobre esas otras realidades; quisiera que estuvieran abiertas como enormes o pequeñas ventanas de un mundo intelectual que sobrevive con nosotros muriendo.

Recurrir a la poesía para decir qué es posible y realizable y qué no, es traicionar la esencia de la creación, servirse de su impulso vital para convertirla en vulgar consuelo. Dicen que las tragedias son el origen de algunas obras maestras de la literatura universal. Mas el alma debe estar serena para poder alumbrar el mundo oscuro de interiores, el ojo negro que mira desde fuera sin poder reconocerlo. ¿Cómo podría, si no, estar el alma en paz ante tanto pesar? Si la vida en estado puro y nuestra forma de vivir quedasen repentinamente al desnudo, compartiríamos cualquier túnica que nos protegiese: la del amanecer, la de la noche e incluso, la de las tinieblas; cualquier manto que nos cubriese para devolvernos al lugar primigenio. Para no nacer, para nacer siempre.

10

La enemistad entre intuición y concepto, entre metáfora y fórmula, pronosticada por Heidegger, debería ser aún más profunda, opina Blumenberg, ya que el enigma de la metáfora no puede comprenderse por la insuficiencia del concepto.[1] Podría entenderse el instante fugaz de encuentro con el deseo de una libertad originaria, perdida e intuitivamente añorada, como disonancia o ruptura con el fenómeno normal, en el sentido de Husserl. Y es que la disonancia del instante con el «límite» del mundo que el lenguaje metafórico trata de captar, es un fenómeno singularísimo, y a la vez común a todos los seres humanos.

La disonancia de la metáfora alberga toda posibilidad de lo que puede ser y de lo que podría a haber sido, si no fuera por la «normalidad» compartida del mundo. En ese sentido, el lenguaje metafórico es meta-metáfora de lo que el propio lenguaje no es capaz de explicar acerca de la vida y del mundo. Al menos tenemos palabras para explicar nuestra incapacidad de aprehender.

No sé si, como afirma Byng-Chul Han, el retorno a Heidegger —que en cierto modo proclamo— es sobre todo consecuencia de la «crisis narrativa» que estamos viviendo en nuestra época. Un retorno al ser, a su esencia ontológica indisociable de lo social, pero no sometida a ello, ante la descomposición y discontinuidad narrativa del tiempo y del espacio, y la incertidumbre que ello provoca.[2] Parafraseando a Lyotard, Han explica que la sensación de tiempo es muy diferente a la conciencia de tiempo porque es algo que nos afecta emocionalmente. Un acontecimiento se nos escapa al control, pero deja su huella, «como una nube de afecto». De acuerdo con este autor: «Hay un tiempo de vida que no es narrativo ni vegetativo, que no se funda en el tema ni en el trauma».[3] Ese tiempo se halla en el reposo, es el aroma de un tiempo que no discurre ni transcurre, y es «audible» en el silencio contemplativo; casi nunca cuando está rodeado del ruido coercitivo de la vida histórica.

11

¡Corred! Antes de que explote el sol en el amanecer y os alumbre los rostros. Antes de que la luz obscena descubra cicatrices con su brutal belleza. ¡Corred! ¡Corred! Que se acaba la noche y llega otro ocaso más y otro y otro. Antes de que el exceso descubra un mundo de impostores que creen haber sometido a todas las criaturas.

Monstruos y sirenas aún aguardan con cuchillos que hacen sangrar a los atunes. No pertenece a nadie este momento. La suciedad es el mar avasallado, extenuado, que yace en un mercado desnudo de comerciantes. Las vísceras, su nuevo manto abisal, otrora digno y misterioso habitante. Hoy es el Juicio Final. El momento de la venganza ha llegado, justo antes de que se acabe, como cada día, el mundo. ¡Corred! ¡Descended a las tinieblas y coged un pedazo de carne!

El agua proveerá de nuevo un ritmo vertiginoso a nuestras pisadas para que podamos habitar la Tierra un día más. Aquellos que profanaron su reino no podrán huir. A nadie pertenece el vaivén de la vida. Y, mucho menos, a quien trata de adueñarse de todo el instante, para trepar, a duras penas, en solitario, por el minuto de oscuridad que queda antes de que acontezca el alba primera.

La habilidad para no sucumbir al rigor del hacha es lo único que garantiza el pan. Cuando el tajo se posa para abrir en dos el hedor y dejar paso a los hombres, todos quieren atravesar ese momento y salir incólumes de la batalla. Mas el esfuerzo es en balde: reina una urgencia que anula cualquier salida. El gris se estira mojado y parece que nunca habrá mañana. O que mañana será de nuevo noche. ¡Corred, corred! Hace un calor sofocante: ya amenaza el día.

V. Breve libertad

1

En el siglo de la pandemia del coronavirus nos hemos dado cuenta de cuánto perdemos al ver solo los ojos de un rostro cubierto con mascarilla o cuán pobre es una imagen sin el contacto de la piel. Sabíamos que nos faltaba algo esencial. La sensación de movimiento desapareció de pronto. El significado absoluto de los días que conocíamos se escribió y era un camino llano. Descubrimos que el tiempo al que nos habíamos habituado era en realidad un páramo, y que solo una ruta estrecha y tortuosa nos llevaría a algún lugar.

Ni el Menosprecio de Corte ni la Alabanza de Aldea tienen sentido en un mundo que se ha detenido forzosamente; un mundo vacío de nosotros, pleno de otros, que se desprende de sus referentes históricos más sagrados. Antes saturado de ritmo, ahora desbordante de parálisis. El mundo ya no es espacio, aunque continúe caótico y vertiginoso sin nosotros. Quienes están «ahí afuera» nos observan como seres que hubiéramos sido despojados de ese algo que nos hace ser.

El exterior que siempre añoramos está invadido de un silencio que nos aplasta porque nos hemos olvidado de mirar y de encontrar la mirada de los demás. La muerte señorea la primavera, se pasea libremente por nuestros campos y ciudades. Cada paso que damos nos

recuerda que no son nuestras las flores, que compartimos su néctar con infinidad de otros seres. Las criaturas diminutas, como tú y como yo, que encontramos
por el camino, afanándose en acumular víveres para
otro invierno, nos hablan de que acaban de descubrir
el fósil de un pétalo. Y entonces amanece.

2

El cuerpo no es solo un medio para saber, sino que es el mensaje y el mensajero al mismo tiempo. En la teoría clásica aristotélica de la percepción, los estados del alma son «semejanzas» de las cosas, hay una distancia infranqueable con respecto a lo que son, y nuestro conocimiento solo puede replicar parcialmente lo que percibe.[1] ¿Quiere decir esto que no podemos comprender totalmente las cosas y mucho menos, nombrarlas? ¿Quiere decir esto que las cosas no son significadas cuando las percibimos, sino que tienen ya un significado inaprehensible y abstracto cuando tratamos de comprenderlas?

Necesitamos el contacto. Y no se trata solo de feromonas, esas hormonas que transmiten energía sensorial a través de los poros de la piel, sino de que el cuerpo sabe algo que el resto de lo que somos tiene que aprender a «saber». Desde que nacemos, el cuerpo acumula sabiduría del mundo y, sin embargo, a medida que pasa el tiempo esta sabiduría histórica y sensorial del cuerpo va quedando en un segundo plano: la vamos olvidando y tendemos a escuchar únicamente aquello que solo una parte de este, el cerebro, con su aliada, la mente, es capaz de destilar. Para la neurociencia actual toda percepción sensorial es una escritura y lectura de

nuestro cerebro. Y es que, con el estudio de la conciencia, nos estamos dando cuenta de que las propiedades
de las cosas que percibimos no están ni en la cosa ni en
nuestro cerebro:

> El panorama multisensorial inmersivo de tu escena
> perceptiva particular, justo en ese lugar y en ese mo-
> mento, es eso que te proporciona tu cerebro tratando
> de salir al encuentro del mundo, y tiene tanto de escri-
> tura como de lectura.[2]

3

Atender a la sutileza de los estados afectivos y emocionales es al menos una pequeña ventana abierta hacia cómo se vive la crudeza del mundo; una ventana tan real como la imagen y la idea abstracta sobre qué produce esa crudeza. Heidegger escribió sobre la presencia de la nada en múltiples estados de angustia. El reto, sugería Teresa Brennan en su libro pionero sobre la transmisión de los afectos, es juntar sensación y razón para ampliar el ámbito de la conciencia a todo aquello que no ocurre de forma consciente: algo así como razonar con las sensaciones de tú a tú, o «sensacionar» la razón.[1]

Las sensaciones no solo se reflejan en el cristal, sino que se desdibujan en él y sugieren nuevas formas, texturas y colores. Es la creatividad de la angustia que se manifiesta como *alivio pictórico*, a través del cual esta se reinventa a sí misma y abre caminos nuevos de inmediatez. Sísifo ha descubierto un árbol que ofrece sombra en el arduo y tórrido camino. Mas tiene sed y no hay arroyo que le dé consuelo. Sísifo se gira a un lado, y continúa su marcha tras una pequeña mosca de campo. Por una nueva ruta del alba, avanza para ver si encuentra un arroyo.

4

No puedo estar más de acuerdo con pensadores que pusieron en cuestión, no la razón ilustrada, pero sí el monopolio de la razón: desde los presocráticos que presagiaron sus limitaciones antes de que esta existiera, hasta quienes lo hicieron en la era moderna, como Levinas o Zambrano, adentrándose en la incertidumbre como fuente de verdad. A pesar de todo, es comprensible que una parte del pensamiento contemporáneo occidental se empeñe en aferrarse a propuestas de corte ilustrado, con el fin de tratar de reordenar o desmontar las (sin)razones con las que se ha dado sentido al orden social. Se han logrado grandes avances sociales en derechos que solo hoy son audibles gracias al discurso de la razón ilustrada. Se ha hecho inteligible el discurso de los derechos humanos y se han escrito leyes y marcos de convivencia democráticos que son esenciales para el bienestar de una gran mayoría. Mas hay vida sin relato ordenado, y hay relatos que no pueden captar ciertas dimensiones de la vida que podrían albergar otras claves para construir bienestar, justicia y armonía social.

¿Y si resulta que una mota de trigo al vuelo contiene la libertad? ¿Seríamos capaces de verla y de rozarla? ¿Podríamos imitar su vuelo? Habría que hablar de qué es volar y qué es una mota. Nada más difícil de definir que estas dos cosas.

5

El lenguaje de la mañana es lo más parecido a la palabra que buscamos. Un leve trino que se posa en la rama de las horas aún perezosas. Silencio. Otro trino aún más imperceptible que se encuentra con el anterior durante una fracción de segundo. Silencio y más silencio. Hasta que un tímido diálogo de dos pájaros madrugadores se va imponiendo a otro trino que está a punto de hacerse oír, pero que duerme aún. Y el ruido de un insecto que despliega sus alas perezosas irrumpe en la noche tímida, que ya no es noche. ¡Cuántas veces han cantado los pájaros de madrugada, cuántas veces la araña sin alas ha murmurado su propio vuelo hilado, cuántos pequeños haces de luz se han filtrado por la persiana!

Así se manifiesta lo singular impredecible, también en lo social: lo mínimo y su *trino mundano* puede ser irrelevante a simple vista. Si podemos aceptar y disfrutar lo impredecible, lo mínimo, la incertidumbre, la espontaneidad de la vida en la naturaleza, ¿por qué nos cuesta tanto apreciarlo en lo social? En la vida social nos aferramos al orden y nos conformamos con versiones muy simplificadas y limitadas de la verdad. Quizá sea una huida de nuestra condición natural, una profunda necesidad de distinguirnos de aquello que nos hace pájaro, insecto, tormenta, aire, mota.

Al apartarnos del mundo de criaturas de las que conocemos muy poco, los seres humanos también nos alejamos unos de otros; nos vamos cada día desconociendo un poco más en nuestra esencia humana, que es, precisamente, lo que nos conecta al mundo compartido que nos rodea. Nos enfrentamos, nos aniquilamos, como si fuésemos seres extraños que no quieren mirarse a los ojos por miedo a reconocerse en la fealdad de otras arrugas en otras frentes, a sentirse a sí mismos en la nimiedad de los suspiros ajenos. Miedo a volverse gusano o mariposa.

6

La apariencia de imperceptibilidad en lo cotidiano, el alivio instantáneo de una pequeña rebeldía permite a muchas personas seguir adelante con sus vidas. Algunos actos de supervivencia dicen verdades incuestionables que deben ser escuchadas, e incluso imitadas, porque no son solo manifestaciones de heroicidad, actos de resiliencia, sino también fuente de saber para la vida y acerca del vivir. Y como tales, hay que tratarlas; penetrar en los abismos de su *inmediatez útil* con una mirada que permita profundidad en la percepción, no solo perspectiva.

Hablar de la percatación de lo mínimo es lo mismo que decir, que la percatación de la verdad singular y única en su expresión más irremediable es posible. Demasiado a menudo nuestra mirada hacia lo social es sobre todo y únicamente perspectivista. Tal vez ahí radica una de las causas de la ceguera que nos acompaña y nos impide la percatación de lo mínimo. No olvidemos que lo imperceptible es muchas veces, ante todo, eficaz y útil para la existencia mundana y cotidiana. Y es que las estructuras, las jerarquías, los (des)órdenes sociales a menudo no dejan lugar más que para la invención intuitiva: mecanismos improvisados que permiten a muchas personas sortear día a día innumerables constricciones y obstáculos.

Sobrevivir exige para millones de personas, reinventar el tiempo concreto de su existencia; evitar instancias opresivas a través de instantes cotidianos en donde la singularidad puede emerger —a pesar de todo— como verdad aplastante, física e incontestable, primero, en forma de emociones. Aquello que llamamos resiliencia es, antes que nada, un acto corporal: el cuerpo que se resiste a desaparecer del mundo como materialidad, única y singular. Es en ese instante en donde ocurre la verdad porque, aunque sea una instancia brevísima de libertad, ese instante permite que la vida se dé en toda su mundanidad y en toda su humanidad; imponiéndose, haciéndose indetectable.

Para comprender mejor la vida de otros seres humanos tenemos que aceptar que lo que vemos, en el momento en que lo vemos ya no existe o es otra cosa. Exactamente igual que cuando observamos las estrellas.

Un gesto asoma en la comisura de una boca para significar ternura o esperanza; una fracción de segundos que rápidamente se desvanece. Entonces aparece una marca dura y triste en el rostro que deja entrever enfado con el mundo y muchas otras cosas sutilmente innombrables. Y, de pronto, el nuevo gesto se hace visible en la lejanía: es una leve cojera de pierna izquierda que, con disimulo, se aleja para dejarnos un poso de dignidad e indiferencia ante nuestra mirada.

Simples escenas cotidianas. Podrían ser triviales, pero podrían, también, encerrar vivencias que ni siquiera acertamos a vislumbrar. Podrían contagiarnos su desdén o su ternura. Podrían observarnos, en silencio, en reposo. La escena.

8

¿Qué hacer ahora? La escena nos ha atrapado en un espacio-tiempo que no sentimos como algo real. Estamos en suspense, pendiendo de un hilo que nos hace sentir las arrugas y cojeras ajenas como si fueran nuestras. Al fin despertamos de un largo letargo y sentimos alivio: el espejo nos devuelve la imagen de una piel tersa; salimos a la calle a correr con más fuerza que nunca. Hemos vuelto a nuestro ser, al *hogar de mí*. Pero algo ha cambiado en nosotros. La escena ha hecho que veamos con más compasión nuestras propias arrugas y que apreciemos mejor la potencia de nuestras piernas, la velocidad de la carrera. Ahora, el mundo de ahí afuera es nuestro mundo un poco más. Pero ya no veremos el mundo igual que antes: ¡es tan inabarcable! Somos otras arrugas y otras piernas. Un momento de verdad nos ha asaltado.

No podemos olvidar la escena. Nos damos cuenta de que somos personaje, además de anhelar la autoría.

9

Un pequeño resplandor que se desprende de la noche puede hacernos pensar en lo que más quisiéramos retener a nuestro lado. Mas solo es eso, el candor de una luz flotante que nos anuncia un deseo únicamente nuestro. Pues no hay dos deseos iguales en el instante fugaz. Sería suficiente dejar que brotase como una flor prohibida en el paraíso de los muertos, para que una vida nueva apagase con su flaqueza los infiernos de otro mundo. Sea, una vez más, la palabra, esa flor despojada de sombras. Que su aroma nos quede, a todos y a todas, sin engaño.

Se necesita un lenguaje bélico, una lengua como un tanque capaz de parar la eterna batalla del ser humano con el tiempo y el olvido. Mas hay que creerse totalmente la vida para aferrarse a un mundo sin suelo, sin guerra. En el fondo somos criaturas flotantes. Algunos adverbios definitivos no son meras licencias poéticas. Hay algo profundamente verdadero en ellos cuando se vive un comienzo y un fin al mismo tiempo.

No por tener soldados a la puerta de la palabra esta va a ceder su ritmo trepidante de la vida que alberga. La victoria no puede hallarse porque no existe tal cosa, nunca ha existido; ni tampoco la batalla. Lo que se llama victoria no es más que una gran palabra o un gran concepto inventado con que paliar la tibieza del final anunciado y devastador de todas las guerras. Porque el rastro de tristeza y de sangre continuará corriendo, como una huella sin principio ni fin, que vaga eternamente por el infierno en busca de dueño.

Batallar contra lo invisible. El mero hecho de nombrar esta entelequia es trágico. El ser humano necesita identificar enemigos u objetos que destruir para dotar de sentido a su afán de perpetuidad y de presencia. Las quijotescas luchas a cañonazos contra lo intangible solo revelan nuestra limitación: creemos en nuestras propias armas para no parecernos a los insectos, que confunden un pie dispuesto a aplastarles con una infranqueable e inocua pared. No conocemos el no-límite.

El lenguaje es algo inventado, artificial, que pretende conquistar esencias, aunque solo puede acercarse a ellas, siempre a riesgo de desaparecer y de dejar paso, de nuevo, a la elocuencia del silencio. El lenguaje metafórico no es más que un puente entre el aire y la experiencia intangible. Ocurre que cuando el lenguaje, incluso la poesía, entran en escena, el instante de candor y de verdad al que dedico este libro, ya es historia; se ha desvanecido. Pero ¿qué nos ha dejado?

Es el mundo lo que se abre paso en nuestra percepción de la realidad revelándonos el lenguaje, no al revés. Gracias a la nariz que quiere ser piel y se resquebraja para dejar entrar a la palabra. Gracias al matiz y a la riqueza de la experiencia mundana, el lenguaje es.

11

Quise apropiarme un lenguaje de pájaros que no necesitara la letra, pedir prestado un eco, con su misterio habitual, que desterrase para siempre la queja a alguna cueva perdida bajo tierra. Un trino que volase sin notas siquiera, ingrávido cálamo a merced del viento; escribiente del sol y de la luna, mensaje colmado de sí mismo en busca de luz.

Esta semana basta el destello reluciente y apaciguador del silencio. La octava semana tiene silencio. Es necesario el silencio, la no-palabra. La mente se satura de letras y nos acosa. Entonces no queda espacio para nosotros ni para acoger a otras personas. Se hace la oquedad del tiempo muy estrecha, hasta que llega a expulsarnos de nuestro propio ser y nos allana. O hasta que dejamos de sentir y somos solo una línea recta, persistente, en el pensamiento de otras personas y en otros pensamientos nuestros.

¿Dónde quedó el texto-vida, la filosofía-cuerpo que hacía de cada día una razón de ser para el pensamiento? No cualquier tipo de pensamiento, sino el pensamiento hecho de *palabras exactas* que se abren de cuajo para salir del alma, como si un fuelle interior las empujase hacia la superficie. ¿Lo menos parecido al pensamiento? Un pensamiento teñido por las entrañas que lo vieron nacer. ¿Dónde ha quedado? ¿Dónde ha nacido? No sé, pero aquí está de nuevo, con todo su significado: en la pregunta sin respuesta.

Epílogo

Adiós. ¡No corráis!

Agradecimientos

No puedo dejar de expresar aquí mi más profundo agradecimiento a María Teresa Fernández de la Vega, por su confianza —tan alentadora en estos últimos años— en mi persona, en mi pensamiento y en mi escritura; y por su constante apoyo, cariño y enseñanzas, que son innumerables. Su espíritu incansable, comprometido con un mundo más justo, con las mujeres y con África, inspiran las páginas de este libro.

Gracias también a Doris Sommer, por concederme el honor de llevar sus bellas palabras al frente de este ensayo. A Palma Sierra, amiga que «largo me lo fía» ya, por su generosa y pausada lectura. A Natha Piña y a todas las demás personas de mi familia y amistades más queridas, compañeras y compañeros de trabajo, que me han acompañado durante la escritura, porque comprenden o aceptan la indisoluble unión que existe para mí entre pensamiento, vida, acción y poesía. Gracias a Iko, allá donde estés. Y, por supuesto, mi admiración y agradecimiento a muchas líderes, mujeres de diversos países africanos —la lista sería demasiado larga para este espacio— con quienes he tenido la suerte de encontrarme, y me han hecho reflexionar, profundamente, sobre las cuestiones que el libro aborda.

Referencias

1. Epicuro, *Obras completas*. «Epístola de Epicuro a Mene-ceo». Cátedra, Madrid, 2012, p. 87.
2. Zambrano, M., *Claros del bosque*. «El espejo de Atenea». Seix Barral, Barcelona, 1986, p. 49.

Introducción

1. Bruno, G., *Sobre el infinito universo y los mundos*, Aguilar, Buenos Aires, 1981.
2. Morin, E., *Introducción al pensamiento complejo*, Gedisa Editorial, Barcelona, 2011, p. 74.
3. Citado por Rob Riemen en su libro: *El arte de ser humanos. Cuatro estudios*, Taurus, Madrid, 2023, p. 107.

Primera parte
1. Maillard, Ch., *La baba del caracol. Cinco apuntes sobre el poema*, Vaso Roto Ediciones, Madrid, 2019, p. 42.

I. Re-creaciones
Capítulo 1

1. Término acuñado por Stacy Alaimo para describir que el cuerpo humano es literalmente parte de su entorno por-que por nosotros pasan corrientes de aire y de agua. Ci-

tado por Samantha Walton en su libro: *Todos necesitamos la belleza. En busca de la naturaleza curativa,* El Ojo del Tiempo, Siruela, Barcelona, 2022, p. 39.

2. Epicuro, *Obras completas,* Cátedra, Madrid, 2012, p. 68.

Capítulo 2
1. *El País,* domingo, 19 de junio, 2022, «Ciencia», p. 34.

Capítulo 3
1. Morin, E., *Introducción…, op. cit.,* p. 60-61.

Capítulo 4
1. Ferrajoli, L., *Por una constitución de la Tierra. La humanidad en la encrucijada,* Editorial Trotta, Madrid, 2022, p. 13.
2. Ortega y Gasset, J., *El tema de nuestro tiempo,* Alianza Editorial, Madrid, 2022, p. 235.

Capítulo 5
1. Pelluchon, C., *Reparemos el mundo. Humanos, animales, naturaleza,* Ned Ediciones, Barcelona, 2022, p. 74.

Capítulo 6
1. Bayat, A., *Revolutionary Life. The Everyday of the Arab Spring,* Harvard University Press, Boston y Londres, 2021, pp. 13-15.
2. *Ibidem,* pp. 157-167.
3. Langle de Paz, T., *La rebelión sigilosa. El poder transformador de la emoción feminista,* Icaria, Barcelona, 2010.

Capítulo 7
1. Ferrajoli, L., *Por una Constitución de la Tierra…, op. cit.*
2. *El País,* 16 de enero, 2022. Entrevista por Amanda Mars.

Capítulo 9

1. Shafik, M., *Lo que nos debemos unos a otros. Un nuevo contrato social,* Paidós, Barcelona, 2022, p. 27.
2. *El País,* 16 de mayo, 2021, «Desconectada», Leila Slimani.

Capítulo 12

1. Safik, M., *Lo que nos debemos...*, *op. cit.,* p. 45.
2. Véase, por ejemplo, los libros ya clásicos de Amartya Sen, *Development as Freedom,* (Oxford University Press, Oxford, 2001) y de Martha Nussbaum, *Creating Capabilities,* (Harvard University Press, Boston y Londres, 2013).

II. Entelequias

Capítulo 1

1. Emcke, C., *Contra el odio,* Taurus, Madrid, 2017.
2. Gray, J., *Perros de paja. Reflexiones sobre los humanos y otros animales,* Paidós, Barcelona, 2008, p. 84.

Capítulo 6

1. Langle de Paz, T., *La urgencia de vivir. Teoría feminista de las emociones,* Anthropos-Siglo XXI, Barcelona, 2018.

Capítulo 8

1. Mèlich, J.-C., *La fragilidad del mundo,* Tusquets, Barcelona, 2021, p. 157.

Capítulo 9

1. Cortina, A., *Ética mínima,* Tecnos, Madrid, 2020.

Capítulo 10

1. Merleau-Ponty, M., *Filosofía de la percepción,* Planeta-Agostini, Barcelona, 1993, p. 20.

Capítulo 11

1. Gray, J., *Perros de paja…, op. cit.,* p. 67.

Capítulo 12

1. Rovelli, C., *Helgoland,* Anagrama, Madrid, 2022, p. 5.

III. Extrañeza

Capítulo 2

1. Zambrano, M., *Claros del bosque.* «El anuncio», Seix Barral, Barcelona, 1986, p. 32.
2. Kant, I., *Crítica de la razón pura.* Edición digital basada en la edición de Madrid, Librería General de Victoriano Suárez, 1928. «Prólogo», p. 21.
3. Levinas, E., *La teoría fenomenológica de la intuición,* Ediciones Sígueme, Salamanca, 2017, pp. 131-133.

Capítulo 3

1. Levinas, E., *La fenomenología…, op. cit.,* p. 149.
2. Epicuro, *Obras completas, op. cit.,* p. 89.

Capítulo 7

1. Banerjee, A. V. y Duflo, E., *Repensar la pobreza. Un giro radical en la lucha contra la desigualdad global,* Taurus, Madrid, 2012, pp. 20-21 & 39.
2. Espinosa, B., *Ética, op. cit.,* p. 67.

Capítulo 8

1. Kingsley, P., *Realidad,* Ediciones Atalanta, Girona, 2021, p. 199.

IV. Improvisación

Capítulo 4

1. Walton, S., *Todos necesitamos la belleza...*, *op. cit.*, pp. 298-299.

V. Desorden

Capítulo 1

1. Espinosa, B., *Ética*, *op. cit.*, p. 243.
2. Morin, E., *Introducción...*, *op. cit.*, p. 81.

Capítulo 3

1. Morin, E., *Introducción...*, *op. cit.*, p. 101.

Capítulo 4

1. Morin, E., *Introducción...*, *op. cit.*, p. 104.

Capítulo 6

1. Morin, E., *Introducción...*, *op. cit.*, p. 63.
2. Kingsley, P., *En los oscuros lugares del saber*, Editorial Atalanta, Girona, 2006, p. 52-54.

VI. El alba primera

Capítulo 2

1. Adorno, Th. W., *Sobre la teoría de la historia y de la libertad (1964-1965)*, Eterna Cadencia, Buenos Aires, 2019, p. 44.

Capítulo 3

1. Rombach, H., *El hombre humanizado. Antropología estructural*, Herder, Barcelona, 2004.

Capítulo 6

1. Rombach, H., *El hombre humanizado. Antropología estructural*, Herder, Barcelona, 2004, pp. 432-433.

Capítulo 7

1. Rovelli, C., *Helgoland, op. cit.,* p. 127.

Capítulo 8

1. Riemen, R., *El arte de ser humanos…, op. cit.,* p. 11.

Capítulo 9

1. Parménides, *Sobre la naturaleza,* Zubiria, Martín, trad. El poema doctrinal de Parménides, Universidad Nacional de Cuyo, Mendoza, 2016.
2. Sánchez-Verdú, J. M., *Hacia la luz.* Estreno: 11 de febrero de 2022. Auditorio Nacional de España. Orquesta y Coro Nacional.

Segunda parte

1. Morin, E., *El pensamiento…, op. cit.,* p. 83.

I. ¿Y si el viento?

1. Wittgenstein, L., *Tractatus lógico-philosophicus.* Edición Electrónica de www.philosophia.cl. Escuela de Filosofía Universidad ARCIS, p. 81.

Capítulo 2

1. Sokolowski, R., *Fenomenología de la persona humana,* Ediciones Sígueme, Salamanca, 2013, p. 35.
2. Kingsley, P., *Realidad, op. cit.*

Capítulo 4

1. Mèlich, J.-C., *La fragilidad del mundo, op. cit.,* pp. 38-73.

Capítulo 6

1. Rombach, H., *El hombre humanizado…, op. cit.,* p. 437.

2. Esquirol, J. M., *Humano, más humano. Una antropología de la herida infinita,* Acantilado, Barcelona, 2021, p. 101.

Capítulo 10
1. Mèlich, J.-C., *La fragilidad del mundo, op. cit.,* p. 36.

Capítulo 14
1. Ortega y Gasset, J., *El tema de nuestro tiempo,* Alianza Editorial, Madrid, 2022, pp. 243 y 245.

II. Sudor y moscas

Capítulo 2
1. Levinas, E., *La teoría fenomenológica de la intuición,* Ediciones Sígueme, Méjico, 2017, p. 170.
2. *Ibidem,* p. 185.

Capítulo 4
1. Adorno, Th., *Sobre la teoría de la historia y de la libertad (1964-1965),* Eterna Cadencia Editora, Buenos Aires, 2019.

Capítulo 7
1. Peirou, M., *Tensión y sentido. Una introducción a la poesía contemporánea,* Taurus, Barcelona, 2020, p. 86.

Capítulo 9
1. Espinosa, B., *Ética…, op. cit.*

Capítulo 10
1. Concepto de la teoría de los cuantos. Ver Rovelli, C., *Helgoland, op. cit.,* pp. 114-116.

III. Temblor de una pestaña

Capítulo 1

1. Nagarjuna, *Fundamentos de la vida media. El camino budista del vacío,* Juan Arnau, ed., Alianza Editorial, Madrid, 2018, pp. 27-28.

Capítulo 2

1. Sokolowski, R., *Fenomenología…, op. cit.,* p. 237.

Capítulo 4

1. Nagarjuna, *Fundamentos…, op. cit.,* p. 97.

Capítulo 5

1. Wittgenstein, L., *Tractatus…, op. cit.,* p. 31.
2. Han, B.-Ch., *El aroma del tiempo,* Herder, Barcelona, 2009.

Capítulo 6

1. Concepto de J.-C., Mélich, desarrollado en su libro *La fragilidad del mundo, op. cit.*

Capítulo 7

1. Barrie, D., *Incredible Journeys. Exploring the Wonders of Animal Navigation,* Hodder & Stoughton, Londres, 2019.
2. Meijer, E., *Animales habladores. Conversaciones privadas entre seres vivos,* Taurus, Madrid, 2022.
3. Gadamer, H.-G., *Verdad y método,* Ediciones Sígueme, Salamanca, 2017.
4. Langle de Paz, T., *La rebelión sigilosa. El poder transformador de la emoción feminista,* Icaria, Barcelona, 2011.
5. Despret, V., *Autobiografía de un pulpo y otros relatos de anticipación,* Ediciones Consoni, Bilbao, 2022, p. 59.

6. Meijer, E., *Animales habladores, op. cit.,* p. 176.

Capítulo 8

1. Ricoeur, P., *La memoria, la historia, el olvido,* Editorial Trotta, Madrid, 2010.

IV. Coged un pedazo de carne

Capítulo 2

1. Sokolowski, R., *Fenomenología…, op. cit.,* p. 275.
2. Riemen, R., *El arte de ser humanos…, op. cit.,* p. 133.

Capítulo 6

1. Mèlich, J.-C., *La fragilidad del mundo, op. cit.,* p. 96.
2. Blumberg, H., *Naufragio con espectador. Paradigma de una metáfora de la existencia,* col. La Balsa de la Medusa, Antonio Machado Libros, Madrid, 2018, p. 8.

Capítulo 10

1. Blumenberg, H., *Naufragio …, op. cit.,* p. 98.
2. Han., B.-Ch., *El aroma…, op. cit.,* pp. 65-66.
3. *Ibidem,* p. 69.

V. Breve libertad

Capítulo 2

1. Sokolowski, R., *Fenomenología…, op. cit.,* p. 369.
2. Seth, A., *La creación del yo. Una nueva ciencia de la conciencia,* Sexto Piso, Madrid, 2023, p. 104.

Capítulo 3

1. Brennan, T., *The Transmission of Affect,* Cornell University Press, Ithaca, 2004.

Bibliografía

Adorno, Theodor W. *Sobre la teoría de la historia y de la libertad (1964-1965)*. Eterna Cadencia Editora, Buenos Aires, 2019.

Banerjee, Abhijit V. y Esther Duflo. *Repensar la pobreza. Un giro radical en la lucha contra la desigualdad global*. Taurus, Madrid, 2012.

Bayat, Asef. *Revolutionary Life. The Everyday of the Arab Spring*. Harvard University Press, Boston y Londres, 2021.

Barrie, David. *Incredible Journeys. Exploring the Wonders of Animal Navigation*. Houdder & Stoughton, Londres, 2019.

Blumberg, Hans. *Naufragio con espectador. Paradigma de una metáfora de la existencia*. Col. La Balsa de la Medusa. Antonio Machado Libros, Madrid, 2018.

Brennan, Teresa. *The Transmission of Affect*. Cornell University Press, Ithaca, 2004.

Bruno, Giordano. *Sobre el infinito universo y los mundos*. Aguilar, Buenos Aires, 1981.

Cortina, Adela. *Ética mínima*. Tecnos, Madrid, 2020.

Despret, Vinciane. *Autobiografía de un pulpo y otros relatos de anticipación*. Ediciones Consoni, Bilbao, 2022.

Emcke, Carolin. *Contra el odio*. Taurus, Madrid, 2017.

Epicuro. *Obras completas*. Cátedra, Madrid, 2012.

Esquirol, Josep María. *Humano, más humano. Una antropología de la herida infinita.* Acantilado, Barcelona, 2021.

—. *La penúltima bondad. Ensayo sobre la vida humana.* Acantilado, Barcelona, 2018.

—. *La resistencia íntima. Ensayo de una filosofía de la proximidad.* Acantilado, Barcelona, 2018.

Espinosa, Baruch de. *Ética demostrada según el orden geométrico.* Ediciones Orbis, Madrid, 1980.

Ferrajoli, Luigi. *Por una constitución de la Tierra. La humanidad en la encrucijada.* Editorial Trotta, Barcelona, 2022.

Gadamer, Hans-Georg. *Verdad y método.* Ediciones Sígueme, Salamanca, 2017.

Gray, John. *Perros de paja. Reflexiones sobre los humanos y otros animales.* Paidós, Barcelona, 2008.

Han, Byung-Chul. *No cosas. Quiebras del mundo de hoy.* Taurus, Madrid, 2021.

—. *El aroma del tiempo. Un ensayo filosófico sobre el arte de demorarse.* Herder, Barcelona, 2009.

—. *La desaparición de los rituales. Una topología del presente.* Herder, Barcelona, 2020.

Innerarity, Daniel. *La sociedad del desconocimiento.* Galaxia Gutenberg, Barcelona, 2022.

Kant, Immanuel. *Crítica de la razón pura.* Edición digital basada en la edición de Madrid, Librería General de Victoriano Suárez, 1928.

Kingsley, Peter. *En los oscuros lugares del saber.* Editorial Atalanta, Girona, 2006.

—. *Realidad.* Ediciones Atalanta, Girona, 2021.

Langle de Paz, Teresa. *La rebelión sigilosa. El poder transformador de la emoción feminista.* Icaria, Barcelona, 2010.

—. *La urgencia de vivir. Teoría feminista de las emociones.* Anthropos-Siglo XXI, Barcelona, 2018.

Lévinas, Emmanuel. *La teoría fenomenológica de la intuición.* Ediciones Sígueme, Salamanca, 2017.

—. *Ética e infinito.* Antonio Machado Libros, Madrid, 1991.

Maillard, Chantal. *La baba del caracol. Cinco apuntes sobre el poema.* Vaso Roto Ediciones, Madrid, 2019.

Meijer, Eva. *Animales habladores. Conversaciones privadas entre seres vivos.* Taurus, Madrid, 2022.

Mèlich, Joan-Carles. *La fragilidad del mundo.* Tusquets, Barcelona, 2021.

—. *La sabiduría de lo incierto.* Tusquets, Barcelona, 2019.

Merleau-Ponty, Maurice. *Filosofía de la percepción.* Planeta-Agostini, Barcelona, 1993.

Morin, Edgar. *Introducción al pensamiento complejo.* Editorial Gedisa, Barcelona, 2011.

—. *Cambiemos de vía. Lecciones de la pandemia.* Paidós, Barcelona, 2020.

Nagarjuna. *Fundamentos de la vida media. El camino budista del vacío.* Juan Arnau, ed. Alianza Editorial, Madrid, 2018.

Nussbaum, Martha. *Creating Capabilities.* Harvard University Press, Boston y Londres, 2013.

Ortega y Gasset, José. *El tema de nuestro tiempo.* Alianza Editorial, Madrid, 2022.

Parménides, *Sobre la naturaleza.* Zubiria, Martín, trad. El poema doctrinal de Parménides. Universidad Nacional de Cuyo, Mendoza, 2016.

Pelluchon, Corine. *Reparemos el mundo. Humanos, animales, naturaleza.* Ned Ediciones, Barcelona, 2022.

Peirou, Mariano. *Tensión y sentido. Una introducción a la poesía contemporánea.* Taurus, Barcelona, 2020.

Ricoueur, Paul. *La memoria, la historia, el olvido.* Editorial Trotta, Madrid, 2010.

Riemen, Rob. *El arte de ser humanos. Cuatro estudios.* Taurus, Madrid, 2023.

Rombach, Heinrich. *El hombre humanizado. Antropología estructural.* Herder, Barcelona, 2004.

Rovelli, Carlo. *Helgoland.* Anagrama, Madrid, 2022.

Shafik, Minouche. *Lo que nos debemos unos a otros. Un nuevo contrato social.* Paidós, Barcelona, 2022.

Sánchez-Verdú, José María. *Hacia la luz.* Estreno: 11 de febrero, Madrid, 2022. Auditorio Nacional de España. Orquesta y Coro Nacional.

Sen, Amartya. *Development as Freedom.* Oxford University Press, Oxford, 2001.

Seth, Anil. *La creación del yo. Una nueva ciencia de la conciencia.* Sexto Piso, Madrid, 2023.

Sokolowski, Robert. *Fenomenología de la persona humana.* Ediciones Sígueme, Salamanca, 2013.

Walton, Samantha. *Todos necesitamos la belleza. En busca de la naturaleza curativa.* El Ojo del Tiempo. Siruela, Barcelona, 2022.

Wittgenstein, *Tractatus lógico-philosophicus.* www.philosophia.cl Escuela de Filosofía Universidad ARCID. 3.3421.

Zambrano, María. *Claros del bosque.* Seix Barral, Barcelona, 1986.

Ático de los Libros le agradece la atención
dedicada a *Un instante de verdad,* de Teresa Langle de Paz.
Esperamos que haya disfrutado de la lectura
y le invitamos a visitarnos
en www.aticodeloslibros.com,
donde encontrará más información
sobre nuestras publicaciones.

Si lo desea, puede también seguirnos
a través de Facebook, Twitter o Instagram y suscribirse a
nuestro boletín utilizando su teléfono móvil
para leer los siguientes códigos QR: